Anton Beda

Plagegeister

Wie werde ich frei?

Anton Beda

Plagegeister

Wie werde ich frei?

Mediatrix-Verlag

A-3434 St. Andrä-Wördern, Gloriette 5

Dieses Buch erschien im Sommer 1977 in Wien unter dem Titel: *"Der Spuk im Chiemgau. Sonderbare Krankheiten"* von Anton Beda

Bestelladresse für Österreich:
Mediatrix-Verlag, A-3423 St. Andrä-Wördern, Gloriette 5.

Bestelladresse für Deutschland:
Mediatrix-Verlag, D-84495 Altötting, Kapuzinerstr. 7.

Mediatrix-Buchhandlung:
1010 Wien, Seilerstätte 16.

ISBN 978 3 85406 178 6

2. Auflage 2007

Aus dem „Katechismus der Katholischen Kirche“ KKK

Die katholische Kirche lehrte immer und lehrt auch heute nach dem 2. Vatikanischen Konzil weiterhin, dass es den Teufel und die Hölle gibt (KKK 2. Auflage 2003):

414 „Satan oder der Teufel und die weiteren Dämonen waren einst Engel, sie sind aber gefallen, weil sie sich aus freiem Willen weigerten, Gott und seinem Ratschluss zu dienen. Ihre Entscheidung ist endgültig. Sie suchen, den Menschen in ihren Aufstand gegen Gott hineinzuziehen.“ (KKK, Randzahl 414)

389 Die Lehre von der Erbsünde [oder Ursünde] ist gewissermaßen die „Kehrseite“ der frohen Botschaft, dass Jesus der Retter aller Menschen ist, dass alle des Heils bedürfen und dass das Heil dank Christus allen angeboten wird. Die Kirche ... ist sich klar bewusst, dass man nicht an der Offenbarung der Erbsünde rühren kann, ohne das Mysterium Christi anzutasten. (Ohne Sündenfall wäre kein Erlöser nötig gewesen.)

Die Erzählung vom Sündenfall

390 Der Bericht vom Sündenfall verwendet eine bildhafte Sprache, beschreibt jedoch ein Urereignis, das *zu Beginn der Geschichte des Menschen* stattgefunden hat. Die Offenbarung gibt uns die Glaubensgewissheit, dass die ganze Menschheitsgeschichte durch die Ursünde gekennzeichnet ist, die unsere Stammeltern freiwillig begangen haben.

Der Fall der Engel

391 Hinter der Entscheidung unserer Stammeltern zum Ungehorsam steht eine verführerische widergöttliche Stimme, die sie aus Neid in den Tod fallen läßt. Die Schrift und die Überlieferung der Kirche erblicken in diesem Wesen **einen gefallenen Engel, der Satan oder Teufel genannt wird.** Die Kirche lehrt, dass er zuerst ein von Gott erschaffener guter Engel war. „Der Teufel und die anderen Dämonen wurden zwar von Gott ihrer Natur nach gut geschaffen, sie wurden aber selbst durch sich böse“.

392 Die Schrift spricht von einer *Sünde* der gefallenen Engel (2 Petr 2,4). Ihr „Sündenfall“ besteht in der freien Entscheidung dieser ge-

schaffenen Geister, die Gott und sein Reich von Grund auf und unwiderruflich zurückwiesen. Wir vernehmen einen Widerhall dieser Rebellion in dem, was der Versucher zu unseren Stammeltern sagte: **„Ihr werdet sein wie Gott“** (Gen 3,5). **Der Teufel ist „Sünder von Anfang an“** (1 Joh 3,8), **„der Vater der Lüge und Mörder von Anfang an“** (Joh 8,44).

393 Wegen des unwiderruflichen Charakters ihrer Entscheidung und nicht wegen eines Versagens des unendlichen göttlichen Erbarmens kann die Sünde der gefallenen Engel nicht vergeben werden. „Es gibt für sie nach dem Abfall keine Reue, so wenig wie für die Menschen nach dem Tode“ (hl. Johannes v. Damaskus).

394 Die Schrift bezeugt den unheilvollen Einfluss dessen, den Jesus den „Mörder von Anfang an“ nennt (Joh 8,44) und der sogar versucht hat, Jesus von seiner vom Vater erhaltenen Sendung abzubringen (Mt 4,1 f). **„Der Sohn Gottes aber ist erschienen, um die Werke des Teufels zu zerstören“** (1 Joh 3,8). Das verhängnisvollste dieser Werke war die lügnerische Verführung, die den Menschen dazu gebracht hat, Gott nicht zu gehorchen.

395 Die Macht Satans ist nicht unendlich. Er ist bloß ein Geschöpf; zwar mächtig, weil er reiner Geist ist, aber doch nur ein Geschöpf: Er kann den Aufbau des Reiches Gottes nicht verhindern. Satan ist auf der Welt aus Hass gegen Gott und gegen dessen in Jesus Christus grundgelegtes Reich tätig. Sein Tun bringt schlimme geistige und mittelbar selbst physische Schäden über jeden Menschen und jede Gesellschaft. Und doch wird dieses sein Tun durch die göttliche Vorsehung zugelassen, welche die Geschichte des Menschen und der Welt kraftvoll und milde zugleich lenkt. Dass Gott das Tun des Teufels zulässt, ist ein großes Geheimnis, aber „wir wissen, dass Gott bei denen, die ihn lieben, alles zum Guten führt“ (Röm 8,28).

Satan, Teufel und Dämonen haben also nicht unbegrenzte Macht – jeder getaufte Christ im Stande der Gnade kann ihnen im NAMEN JESU gebieten, und das Blut Jesu ist mächtiger als alle Sünde. Vertrauen wir auf den Herrn, vor dem die Unterwelt zittert! Bis zum Ende der Zeit können die bösen Geister Menschen plagen, verführen und prüfen – dann werden sie für immer in die Hölle geworfen. Diese ist eine Realität (siehe KKK 1033 bis 1037).

2. Der Spuk im Chiemgau

(Oberbayern 1946 - 1948)

von Carola Schrey[1)]

Seit dem Sommer 1943 leben wir hier in Oberbayern im kleinen Häuschen von Herrn und Frau H., die im Untergeschoß wohnen und deren einziges Kind Rosemarie im Jahre 1946, als die ungewöhnlichen Vorfälle auftraten, sechs Jahre alt war.
Mein Mann und ich sind kinderlos. Im Jahre 1942, damals noch im Rheinland, nahmen wir ein elternloses Mädchen namens Irma an in der Absicht, es zu adoptieren. Da die charakterlichen Eigenschaften unseres Pflegekindes so wenig günstig waren, daß eine Adoption für uns dann doch nicht in Frage kam, nahmen wir noch ein dreijähriges Mädchen zu uns und adoptierten es bald. Klein Edith war unsere ganze Freude, ein körperlich und geistig gut entwickeltes, ja kräftig zu nennendes Kind. Bis zum Sommer 1946 ging alles ohne Störung. Irma war damals dreizehn, Ditti (Edith) viereinhalb Jahre alt.
Im Juni 1946 bekam Edith einen unvorstellbaren Wutanfall, der sich öfters wiederholte, wenn auch nicht ganz in der erschreckenden späteren Form. Ich brachte die Kleine zum Arzt, der riet, sie gleich mit Kaltwasserpackungen zu behandeln, was ohne Erfolg blieb. Das Kind veränderte sich zusehends; es trat ein Eigensinn auf, der durch kein Mittel zu brechen war, dazu allerlei Bosheiten. Auch die Ausdrucksweise änderte sich: Das an sich liebe, kleine, herzige Mädchen, das noch nicht einmal die Sprache ganz beherrschte, gab logische, aber freche und unverschämte Antworten, die nur ein Schlagfertiger hätte geben können, der schon über die entsprechende Lebenserfahrung verfügt.
War etwas verboten, tat es das Kind mit größter Hartnäckigkeit weiter, gleich ob es gestraft wurde oder für den Fall des Unterlassens das Schönste versprochen bekam. Fragte man das Kind: „Warum tust du das?", kam immer die gleiche Antwort: „Weil ich nicht darf" oder „weil ich Mutti ärgern will."
Das bisher frische, saubere Mädelchen wurde in einer unverständlichen Form unsauber; es machte alle Bedürfnisse in die Hose, ins

Bett, ins Zimmer, und wieder sagte es mit Verbissenheit: „Weil ich nicht darf." Strafen in jeder Form waren zwecklos, weil sie keinen Eindruck hinterließen, höchstens daß das Kind es sogleich wieder machte und dazu sagte: „Wollte sehen, ob ich noch mehr Schläge bekomme." Es wurde äußerlich unansehnlich, ging körperlich zurück, schlief bei Nacht kaum und wurde, obwohl es mit Hunger sehr viel aß, immer weniger. Ich brachte Ditti (Edith) wieder zum Arzt und ließ sie untersuchen, aber es hieß, sie sei gesund, es handle sich um Entwicklungsstörungen.

Im August verschwanden dann auf einmal Lebensmittel dort, wo Edith zugegen war. Es schien, als ob sie alles wegnähme. Schwere verschlossene Türen, deren Schloß ich nur mit Mühe drehen konnte, waren offen, wenn die Kleine nur eine Minute allein in dem Raum war, und alles Eßbare war weg oder angebissen: die Wurst wüst herausgerissen, Butter und Käse wie von einem Tier zerfressen. An diesen Rückständen befanden sich fast immer grauschwarze Haare, sehr dünn, von 3 bis 5 cm Länge. Immer wieder sagte das Kind: „Hat Ditti tan" und triumphierend: „Weil ich nicht darf."

Dann äußerte die Kleine auf einmal: „Mutti, mußte Ditti tun, sagt im Köpfchen: Schnell, schnell tun, sonst bekommst du Schläge. Dauert nicht mehr lange, Mutti, bald hört Ditti auf." Auf alles gütige Zureden, daß es das gar nicht gebe, daß etwas im Köpfchen sagte, folgte nur ein wissendes Lächeln.

So kam der September 1946 heran. **Von den Lebensmitteln verschwand immer mehr, auch ohne daß die Kleine zugegen war.** Was nicht sofort unter Verschluß gebracht wurde, war weg: Ganze Brote verschwanden, fertige Suppen wurden ausgeschöpft und in den Ausgußeimer gegossen und der Kessel mit Wasser angefüllt. Viele Sonntagsbraten sind nicht von uns gegessen worden. Die Milch war nur mit Mühe zum Halten und weder bis zum Kochen noch zum Erkalten zu bringen. Alles an Lebensmitteln verschwand, was man einen Augenblick aus den Augen ließ. Aber niemals sah mein Mann oder ich, wann es geschah, und das in zwei kleinen Räumen von je zwölf Quadratmetern, wo sowieso immer einer dem andern im Wege steht.

Ich ahnte damals schon voller Schrecken, daß man es überhaupt nicht

sehen konnte, schwieg aber allen gegenüber, weil ich ratlos war und keine Erklärung fand, glaubte ich doch zuerst, ich würde durch Hypnose oder eine derartige Macht am Sehen gehindert. Sonderbar war es mir nur, weil ich eigentlich nicht zu hypnotisieren bin.
In den ersten Septembertagen biß mir die Kleine bei einem Wutanfall leicht in den Finger, daß nur eben die Haut verletzt war. Es bildete sich ein Einstich wie von einem Schlangenbiß, der heute noch sichtbar ist. Der Finger wurde fürchterlich, denn es gab eine eitrige Entzündung, an der ich erkrankte. Er mußte geschnitten werden, und ich trug die Hand sechs Wochen im Verband.
Zu dieser Zeit wurde in schneller Folge alles noch schlimmer und unwirklicher: Die Schmutzhaufen von Edith wurden riesenhaft, und die Urinlachen, die überall in beiden Zimmern auftraten, füllten oft einen mittelgroßen halben Eimer, sodaß das Kind diese Menge nie gemacht haben konnte. Die Exkremente hatten die Eigenart, daß man nie roch, wo und wann sie gemacht wurden. Lag ein Schmutzhaufen unter dem Sofa oder dem Bett, dann roch man nichts, auch wenn er einen Tag dalag, ehe er gefunden wurde. Aber rührte man den Dreck an, um ihn wegzuschaffen, gab es einen scheußlichen Gestank, der nicht wegzubringen war. **Vor diesen Schmutzhaufen war man nirgends sicher,** sie lagen nicht nur überall auf dem Boden und unter den Möbeln, sondern auch in den Betten, unter der Decke, auf dem elektrischen Kocher, in den Schränken usw.
Hatte am Anfang die Kleine den Schmutz wirklich selber gemacht, so konnte man im September schon feststellen, daß sie gar nicht mehr in Frage kam. Denn reinigte ich das Kind, nachdem man einen Schmutzhaufen gefundern hatte, dann war das Körperchen vollkommen sauber, aber die Kleine sagte immer wieder: „Hat Ditti tan“ und wußte genau, wo das Papier entnommen war, wo der „Tatort“ lag und in welcher Form alles geschehen war. Sie sagte z.B.: „Kohlenschaufel genommen, Papier vom Nachttisch geholt, auf die Schaufel gelegt und unter das Sofa geworfen.“ Aber während dies geschehen war, waren vier Erwachsene zugegen, und die beiden Kinder hatten während der Zeit ihren Sofaplatz nicht verlassen.
Immer war um die Frühstückszeit etwas los. Ich hatte dann für meinen Mann, der auswärts tätig war, die Brote gemacht in ständiger

Sorge, daß mir nicht alles unter den Händen verschwand. Aber es gelang mir trotz aller Vorsicht nie.
Mitte September bekam ich Besuch aus dem Rheinland: zwei tüchtige, frische Mädchen, 28 Jahre alt, die im Berufsleben standen. Beide evangelisch, wiesen sie die Möglichkeit einer überirdischen Macht weit von sich. An diesem Morgen, wo mein Besuch zugegen war, kam nun Frau H., in deren Haus wir wohnen, herauf und suchte mit den beiden Mädchen die Zimmer genau durch, tastete unter alle Möbel und legte die Vorräte an Wurst und Käse ins offenstehende Nebenzimmer. Beide Kinder waren vorher auf das Sofa gesetzt worden, das sie nicht verlassen durften. Ich setzte mich an den Tisch, ohne mich an der Suche zu beteiligen. Hinter meinem Rücken auf einer Kommode stand ein Kessel, in dem ein Einpfund- und ein Zweipfundbrot lagen, nicht angeschnitten und mit einem Deckel zugedeckt.
Die beiden jungen Damen, die beiden Kinder und ich saßen am Frühstückstisch, Frau H. mitten in der Tür zum Schlafzimmer. Wir saßen kaum fünf Minuten, da rann im Schlafzimmer, etwa anderthalb Meter neben Frau H., eine große Urinlache. Nach weiteren zehn Minuten rann eine zweite von doppelter Größe durch das Schlafzimmer, etwa zweieinhalb Meter von Frau H.s Platz, auf uns zu. Von unserem Platz waren beide Seiten gut zu übersehen, aber niemand hat gesehen, woher die Lachen kamen und wie es geschah; keiner hatte den eingenommenen Platz verlassen, und außer uns war niemand im Hause.
Als wir uns dann erhoben und die beiden Mädchen alles durchsuchten, lag neben meinem Stuhl unter dem Sofa ein neuer Schmutzhaufen in Papier eingewickelt. Dieses Papier war, bevor wir uns niedersetzten, noch im Schlafzimmer auf meinem Nachttisch gelegen. Niemand hatte einen Geruch wahrgenommen, obwohl es frische Exkremente waren. Dazu sagte Edith leise und monoton, als ob sie in Trance wäre: „Hat Ditti tan, Schaufel vom Herd geholt, Papier von Muttis Nachttisch, Groß darauf gemacht und unter Sofa geworfen.“ Auf unsere Einwände, es sei ja gar nicht möglich, Ditti sei ja nicht aufgestanden, sagte das Kind: „Doch, doch, habe neben Muttis Stuhl die Schaufel auf die Erde gesetzt und gemacht.“
Als der hinter mir auf der Kommode stehende Topf aufgedeckt wur-

de, waren beide Brote stark angebissen, mit schmalem, langem Biß wie von einem Tiermaul. Die im Nebenzimmer stehende Braunschweiger Streichwurst war ganz auseinandergerissen und aufgefressen, ebenso war der Emmentaler Käse angebissen. Bei allem Geschilderten hatte niemand seinen Platz verlassen und alles wurde von vier erwachsenen Personen bezeugt und ist von meinem Besuch (den beiden Fräulein) auch eidesstattlich bestätigt worden.

Klein Ditti wußte alle Begebenheiten, ohne daß sie dabei gewesen wäre. Wenn ich das Kind z.B. einen ganzen Tag ins Erdgeschoß zu Frau H. gab, wußte es, was hier oben passierte, auch wo die mir inzwischen abhanden gekommenen Schlüssel versteckt waren. Nicht immer waren die Lebensmittel restlos weg, sondern lagen ganz oder als Brote zurechtgemacht unter den Möbeln, in den Betten usw. Kam ich dann hinunter zu dem Kind, sagte es gleich: „Mutti, brauchst Wurst nicht zu suchen, isse weg, aber Brot liegt noch unter Vatis Bett." Diese Aussagen erfolgten immer wie in Trance. Gleich darauf nahm das Kind wieder den gewöhnlichen Ausdruck an. In den letzten Septembertagen kam Irma einmal von der Schule, ich hatte Essen aufgehoben und setzte es auf den Tisch. Irma aß, und ich setzte mich mit Ditti im Arm zu ihr. Da sah ich, wie plötzlich in der Wohnküche auf dem Boden ein großer Schmutzhaufen entstand. Ich war so erschrocken und entsetzt, daß ich ein kribbelndes Gefühl auf dem Rücken verspürte, aber ich sagte kein Wort zu den Kindern, sondern dachte nur für mich: Es ist ja nicht möglich, es muß ein Trugbild sein und ist vielleicht gleich wieder weg. Aber nein, der Haufen blieb, und man roch wieder nichts, obwohl er dicht neben uns lag.

Es war das erstemal, daß mir einwandfrei klar wurde, es müsse eine böse außernatürliche Macht sein. Dann kam aber wieder der Gedanke: Das gibt es ja gar nicht, also muß mein Verstand getrübt sein und ich kann nicht mehr beobachten. Ich habe furchtbar unter diesem Gefühl gelitten, weil ich für die Vorgänge keinerlei Erklärung und nie davon gehört hatte. Ich brachte es nicht einmal fertig, diesen Vorgang gleich meinem Mann zu erzählen, obwohl wir über fünfundzwanzig Jahre im besten Einvernehmen lebten. Ich konnte einfach nicht damit fertigwerden und dachte, man würde mich für verrückt halten.

Mein Mann stand bis dahin den Vorgängen skeptisch gegenüber. Er ist evangelisch und war nicht gewillt, übernatürlichen Kräften Raum zu geben. Auch war er auf meinen Bericht angewiesen, denn das meiste geschah ja bei Tag, wenn er nicht zuhause war. Da er mich kannte, bezweifelte er meine Ausführungen nicht, aber er stand auf dem Standpunkt, es müsse sich eine natürliche Erklärung finden lassen. Frau H., der ich ungewöhnlich viel verdanke, die in allen Nöten und zu jeder Zeit zur Hilfe bereit war, mußte mir die Lebensmittel festhalten, damit sie mir nicht unter den Händen zerrannen, wenn ich die Kinder verpflegte oder wenn Irma und ich nicht mit der Schmutzfegerei fertig werden konnten. Vor allem, wenn meine ganzen Vorräte sich in Nichts aufgelöst hatten, sorgte Frau H. dafür, daß immer etwas für uns da war. Was das in der lebensmittelknappen Zeit bedeutete, ist wohl jedem klar. Es war auch nur möglich, da Frau H. von einem größeren Bauernhof stammte.

Sie war es auch, die zuerst von der dämonischen Macht sprach, die auch von der katholischen Kirche anerkannt würde. Frau H. und ich sind katholisch. Ich war über jede nur mögliche Erklärung froh, stand aber im ganzen alledem verständnislos gegenüber. Frau H. brachte eine geweihte Medaille, **die Wundertätige Medaille,** die Klein Ditti umgehängt wurde. Mein Mann und ich hatten aus Unwissenheit kein Verständnis dafür, daß das helfen könnte, aber das Wunder geschah: **Das Kind veränderte sich von heute auf morgen.** Es schlief wieder in der Nacht und machte vom nächsten Tag an nie wieder eine Schweinerei. Nach wenigen Tagen schaute Edith schon viel besser aus und war wieder das fröhliche, unbeschwerte Kind, das von da an auch körperlich zunahm. Es wußte von nun an nur ganz vereinzelt etwas über die Vorgänge und sagte nach Wochen von selbst zu mir: „Mutti, es sagt nichts mehr im Köpfchen, und Türen gehen auch nicht mehr auf, wenn ich davorstehe.“ Doch obwohl Ditti von dem Bann befreit war, ging der Spuk in schärfer werdender Form weiter.

Die Kothaufen ließen an Menge nach und befanden sich vor allem nie mehr in Dittis Bett. Dafür gab es zahlreiche andere Scheußlichkeiten: Zog z.B. Irma hier im Zimmer ihren Mantel an, war der Ärmel im Nu gräßlich verschneuzt. Eine gelbe, zähe Schleimmasse lief darüber, wie von einem kranken Tier. Ich nahm einmal ein frisches Geschirrtuch heraus, aber als ich abtrocknen wollte, war wieder diese Schleimmasse da. Danach wurde uns unsichtbar eine Flasche Petroleum über eine gerade geputzte Zimmerecke gegossen. Ich warf Irma einen Lappen hin, aber als sie sich umdrehte und danach fassen wollte, war er weg. Am Abend fand er sich petroleumgetränkt in Frau H.s eingelegten Heringen! – Es würde viel zu weit führen, diese Vorgänge auch nur zur Hälfte zu schildern.

Mein Mann hatte in diesen Herbstwochen so manche sonderbaren Vorgänge beobachten können, ohne daß ihm selbst etwas passiert wäre; er glaubte sich daher durch die Kraft seines Willens gegen diese Macht gefeit. An einem Abend, als die Kinder schon schliefen und ich ebenfalls früh zu Bett ging, da die Nerven dieser Belastung oft kaum standhalten wollten, war mein Mann allein in der Wohnküche, und die Tür zum Schlafzimmer stand offen. Mein Mann hatte ein Weißbrot und eine halbe Leberwurst auf dem Küchentisch liegen, machte Brote für mich und brachte mir diese ans Bett. Als er in die Küche zurückkam, war das Weißbrot weg. Aufs höchste ärgerlich kam mein Mann zu mir ans Bett, doch als er in die Küche zurückging, war auch die Wurst weg und wurde nicht mehr gefunden. Ich war fast erleichtert, daß es ihm auch nicht besser ging als mir. Von dem Augenblick an wußte mein Mann, daß ich nicht etwa übersehen haben konnte, wie mir die Kinder manches wegnahmen. – In der Folge sollten meinem Mann noch ganz andere Dinge passieren.

War am Anfang alles von der kleinen Edith ausgegangen, wurde jetzt alles unpersönlicher, und ich hatte den Eindruck, als ob es unseren ganzen kleinen Kreis beträfe. Die Türen des Hauses öffneten sich von selbst, auch unten beim Hausbesitzer. Wir konnten alle keine Türen mehr verschlossen halten. Wenn unten bei H. niemand zuhause war und ich hier mit den Kindern allein, hörte man, wie mit lautem Geräusch die Haustüre aufgeschlossen wurde und unten in den Räumen ein mächtiges Gepolter anfing. Ging ich dann hinunter, war alles still und niemand da, aber sehr oft waren dann alle Wohnräume von H. aufgeschlossen, und alle Türen standen offen. Bei uns verschwand jetzt alles an Lebensmitteln, nicht nur einzelne ausgesuchte Sachen. Ich war gezwungen, nach dem Einkauf alles gleich in einem Schrank zu verwahren, dann war es möglich, daß ich mir Stück für Stück zu den Mahlzeiten herausnehmen konnte, bis ein großer Schlag kam, mir der Schlüssel unmerklich vom Bund geknüpft wurde – ich trug die Schlüssel Tag und Nacht um den Leib gebunden – und alles herausgerissen und zum Teil aufgefressen war und leere Gläser und anderes durchs Fenster auf die Wiese geworfen waren.

Stand ich am Herd und buk Eierpfannkuchen und deckte den Deckel nur eine Sekunde auf, dann war der Kuchen weg. Dabei saßen die Kinder beide am Tisch und aßen und waren dem Herd nicht nahegekommen. Ich legte vier Blutwurstscheiben in die Pfanne, aber im gleichen Moment waren es nur noch zwei, und die beiden anderen wurden später hinter dem Spültisch gefunden. Wollte ich backen, durfte ich den Teig keine Minute verlassen, und wenn ich die Rohrnudeln in den Backofen schob und mich während der ganzen Backzeit vor den Ofen setzte, so waren doch, wenn ich diesen öffnete, mehrere oder die Hälfte der Rohrnudeln weg.

An einem Sonntagmorgen war ich allein in der Küche, mein Mann und die Kinder im Schlafzimmer; die Tür dorthin stand offen. Ich hatte meine Schuhe zum Trocknen auf die geöffnete Backofentür gestellt und gleichzeitig Milch zum Pudding in einem Topf auf den Herd gesetzt. Als ich mich umdrehte, um am Tisch Puddingpulver anzurühren und zum Herd zurückschaute, war die Milch schon in meine Schuhe geschüttet.

Die Beobachtungen, die ich beim Walten dieser unheilvollen Macht immer wieder machte, war die, daß irgendeine Sache ganz langsam und unmerklich anfing, dann stark forciert wurde und daß man in keiner Weise ausweichen konnte, weil immer ein neuer Dreh gefunden wurde. Hatte man sich genügend geärgert und die Nutzlosigkeit einer Gegenwehr eingesehen, hörte die Sache auf und eine andere begann.

Es war Anfang Oktober, die Zeit der Tomaten und Äpfel. Beide Fruchtarten flogen bei uns nur so durch die Räume. Ohne daß man eine Bewegung wahrnehmen konnte, waren sie bald an diesem, bald an jenem Ort. Stellte ich Weihwasser auf den Schrank zwischen die Äpfel, lagen sie still.

An einem Sonntagmorgen waren die Heiligenbilder der Kinder von den Wänden genommen, mit ausgedrückten Tomaten bespritzt und auf unsere Betten geworfen. Die Betten selbst waren scheußlich mit zerquetschten Tomaten beschmutzt; alles Näh- und Stoffmaterial, Bänder und Spitzen, in kleine Stücke zerschnitten, lag zusammengeballt umher. Bleistifte, Federhalter und Kämme waren zerbrochen, alte Cremes und Zahnpasten in den Betten ausgedrückt. Blumentöpfe lagen zerschlagen am Boden.
Die Dorfbewohner, die sich das Schauspiel ansahen, riefen telefonisch den Pfarrer an, der mit einem zufällig hier anwesenden Kapuzinerpater zu uns kam. Es war leicht zu merken, daß beide Herren uns nicht glaubten. Trotzdem sprach der Pfarrer den Exorzismus und segnete die Kinder. Mein Mann, Frau H. und ich waren zugegen. Frau H. sagte in begreiflicher Aufregung: „Warum glaubt man uns nicht und warum wird uns denn nicht geholfen?" Der Pater sagte ungefähr: „Ich habe ja den kleinen Exorzismus gebetet, und wenn etwas an der Sache dran ist, muß es ja jetzt in Erscheinung treten." Mich machte dieser Satz stutzig, und ich sprach nachher darüber, ohne eine Erklärung zu bekommen.
Mein Mann und ich standen gerade fertig, um auszugehen, als die beiden Geistlichen kamen. Als die Herren weg waren, gingen wir von Zuhause fort. Die Kinder blieben in der Küche, die Tür zum Schlafzimmer schlossen wir ab, nahmen den Schlüssel mit und schlossen die Kinder in der Küche ein. Unsere beiden Hunde waren bei den Kindern, ein Drahthaarfoxl und ein Dackel, beide ganz freche Kerle, die nie und vor nichts Angst zeigten.
Als mein Mann und ich nach einer Stunde wiederkamen, fanden wir die Kinder in heller Aufregung und die Hunde verschüchtert vor. Nachdem wir nämlich kaum weg waren und die Kinder am Tisch saßen und zeichneten, sah die kleine Edith eine kleine, schwarze, behaarte Gestalt in der Küche stehen. Irma sah sie auch, und die Hunde flüchteten in die Sofaecke. Gleich darauf stand eine zweite, größere Gestalt an der Türe, etwa von der Größe eines älteren Kindes. Der Gesichtsausdruck war nicht kenntlich, da bei den kleinen stummen Erscheinungen der Kopf immer gesenkt war. Die Kinder beschrieben eine vornübergebeugte Gestalt mit dicht an den Körper gezoge-

nen Ellbogen, krallenartigen Händen, auf Füßen wie ein Geißbock stehend, mit halblangem Schwanz und irgendetwas auf dem Kopf. (Ich wähle bei diesen Beschreibungen immer die Ausdrucksweise der Kinder.)

Hatten wir gehofft, es würde nach dem Exorzismus besser, so war das Gegenteil der Fall, und es war nun wirklich der Teufel los!

In der Folgezeit konnte ich die Kinder keinen Augenblick allein lassen, da sie ständig von den Erscheinungen umgeben waren, wenn sie nur für Minuten allein blieben. Sie sahen dann Erscheinungen bis zu Mannesgröße, deren Gesicht die Kinder genau beschrieben.

Die Gestalt sei genau wie die Kleinen, nur der Kopf ein schmales Tiergesicht, der Mund dicht unter der Nase, wie bei einem Hund. Die Nase aber leuchtete hell aus dem schwarzen, behaarten Gesicht. Die Augen seien leuchtend rot mit Flämmchen darin, die sich bewegten. Diese großen Gestalten sprachen zu den Kindern und sagten Verschiedenes, was diese nicht wissen konnten. Auch legten ihnen die Gestalten alle möglichen Eßwaren hin, die wieder verschwanden, wenn die Kinder sie nicht nahmen (weil ich es ihnen verboten hatte). Aber die Spuren dieser Eßwaren waren dennoch sichtbar: So war z.B. ein halbes Pfund Butter auf einem Glasteller gelegen, und man konnte das Format genau sehen, ebenso die Butterreste. Die Kinder konnten, wenn sie eingeschlossen waren, unmöglich an Butter kommen, die zu der Zeit überhaupt nicht zu kriegen oder sehr knapp war.

Die großen Erscheinungen sprachen, wie gesagt, zu den Kindern. Ich wiederhole einige Sätze. Zu Irma: „Komm zu mir, deine Mutter ist so streng.“ – „Diene mir und es geht dir gut.“ Zu beiden Kindern: „Ich freue mich, wenn ihr Schimpf bekommt, wenn ich etwas genommen habe.“ – „Ich komme, um euch Kinder zu verführen, daß ihr herausfliegt.“ – „Ich gebe nicht eher Ruhe, bis Irma weg ist.“ – „Ich lege euch Semmeln und Butter hin, wenn ihr sie aber der Mutter zeigen wollt, nehme ich sie wieder weg.“ Eben dieses Butterstück sah man danach genau abgezeichnet, wie vorher beschrieben. Auch folgender Satz verblüffte mich: „Ich habe die Haferflocken aufgegessen, und eure Mutter hat nichts gemerkt.“ Es stimmte genau. Ich hatte vorher spätabends, als die Kinder schon schliefen, ein Paket Haferflocken

herausgenommen und vergessen, es wieder einzuschließen. Morgens war ich als erste auf, als noch alles schlief, und zündete gedankenlos mit einer leeren Haferflockenpackung das Feuer an. Die leere Packung lag im Holzkasten. Erst als die Kinder den Satz der Teufelserscheinung wiederholten, wußte ich, daß es stimmte.
Auch die kleine Rosemarie H. aus dem Erdgeschoß, damals sechseinhalbjährig, sah die Teufelserscheinungen und beschrieb Einzelheiten, auf die ein Kind nicht kommen kann. Wir Erwachsenen dagegen haben keine Erscheinungen gesehen, sondern nur, daß sich die Türen von selbst öffneten, daß die Türklinke heruntergedrückt und wieder geschlossen wurde. Ich dachte, wenn ich das sah, an den Siegfried-Film, der vor Jahren gezeigt worden war: Siegfried setzt sich die Tarnkappe auf, und man sieht ihn nicht mehr, sondern nur wie sich das Tor öffnet und schließt.
Zu dieser Zeit wandte ich mich erstmalig an das Ordinariat München und bekam mit einem Schreiben vom 28. 11. 1946 unter Gen. Vic. Nr. 13.179 die Antwort, aus der wohl folgender Standpunkt interessiert: **„Daß es Dämonen und die Möglichkeit von dämonischen Einwirkungen gibt, ist nach unserer Glaubenslehre sicher."** Das war die erste Bestätigung für das, was für uns bisher nur unfaßbare Vermutung war. Das Ordinariat wünschte ganz ausführlichen Bericht und gab daraufhin Richtlinien für ein religiöses Leben als Mittel gegen das Wirken der satanischen Macht. Wenn ich auch durch den Briefwechsel mit dem Ordinariat im Augenblick keine direkte Hilfe bekam, so war derselbe doch der Ausgangspunkt für die spätere wunderbare Befreiung.
Inzwischen war ein Durchschlag meines Schreibens an das Ordinariat von dritter Seite einer hochstehenden kirchlichen Persönlichkeit gesandt worden, die als Fachmann in der über solche Fälle vorhandenen Literatur angesehen werden kann. Einen Satz aus einem persönlichen Schreiben des hochwürdigen Herrn an mich, der seine Erfahrungen in dieser Angelegenheit am besten kennzeichnet, gebe ich hier wieder: **„Wer dieses Hereinragen der Geisterwelt in die natürliche Welt und ihre Macht sieht und an sich erfährt, der ist gezwungen, an die andere Welt zu glauben, und wird sich hüten, dem Dämon in der Ewigkeit in die Klauen zu geraten."**

Von dieser Seite wurde mir auch der Rat gegeben, daß sich die Priester, denen vom Herrn gesagt ist: „Treibet die Teufel aus“ (Mk 16,17; Mt 10,1-8), glaubensstark unserer Sache annehmen müßten. Aber das war vorerst für mich nicht ohne weiteres erreichbar, und inzwischen ging hier der Spuk weiter, der immer wildere Formen annahm und oft nicht eine Stunde des Tages Ruhe gab.

Hatte Klein Edith damit begonnen, unter dem Einfluß der bösen Macht zu handeln und war in dieser Zeit die große Irma mir eine besondere Stütze in der Beseitigung des Schmutzes und bei allen Hilfeleistungen, als mir die verletzte Hand das Arbeiten unmöglich machte, so zielten jetzt, nachdem die Kleine frei war, alle Bosheiten auf Irma. Sie bekam auch einen Anfall und schlug und trat um sich, als ob sie närrisch geworden wäre. Im weiteren Verlauf wurde sie dümmer, ungeschickter, eigensinniger und bekam einen aufgedunsenen Ausdruck. Geweihte Medaillen hatten immer nur vorübergehenden Erfolg: Entweder wurden sie verloren oder abgerissen oder gar nicht getragen.

Alles, was Irma fortan tat, ging schief; es war, als ob sie zu keiner Arbeit mehr taugte. Selbst wenn ich dabei war und Irma hinter dem Haus die Holzkörbe mit unserem Klaubholz füllte und herauftrug und diese nur eine Sekunde in unserer Wohnung standen, war das Holz gegen H.s Scheiterholz ausgewechselt. Dieses Scheiterholz fehlte dann gut sichtbar in Frau H.s Holzschuppen, und unser Holz verschwand immer spurlos. Es war so schlimm, daß wir kein Brennmaterial lagern konnten und es bei uns bekannten Bauern aufbewahren mußten. So waren wir auch gezwungen, alle Vorräte, Marmeladegläser, Zucker, alles an Gebäck usw. zu Nachbarn in Verwahrung zu geben, und konnten nur das holen, was im Augenblick gegessen wurde, und selbst das gelang nicht immer.

Irma wurde immer untauglicher zu jeder Hilfe. Schälte sie Kartoffeln, was sie aus Sparsamkeitsgründen mit dem Kartoffelschäler tun sollte, so konnte man zusehen, wie andere Kartoffeln, ganz grob mit dem Messer zerschnitten, dazu kamen, ohne daß man den anderen Schäler sah. Stellten wir dann diese gelben, geschälten Kartoffeln, die für den andern Tag bestimmt waren, vor die Wohnungstür auf den Gang, so waren im Nu nur noch weiße Kartoffeln von Frau H., ganz

grob mit dem Messer geschält, in unserem Kartoffeleimer. Diese weißen Kartoffeln fehlten wieder auffallend sichtbar von denen von Frau H., und von den unseren fand man nie etwas wieder. – Man machte immer wieder die Beobachtung, daß alles, was durch diese elende Macht geschah, ganz auffällig gemacht wurde, damit es gleich bemerkt und nie übersehen werden konnte, weil ja sonst der Ärger hätte wegfallen können.
Dann zeigte sich ein neuer Trick von Geisterhand: Wollte man die Kartoffeln zum Kochen aufsetzen, war oben nur eine dünne Schicht Kartoffeln und unten alles voller Putzlappen gesteckt, möglichst schmutzige Aufwischtücher, Klosettücher usw. Selbst die Schwester meines Mannes, die einmal länger zu Besuch weilte, hatte eines Tages, als mein Mann und ich aus waren und heimkamen, einen Kessel Kartoffeln auf dem Herd stehen, der ganz voll schmutziger Lappen war und oben nur eine dünne Schicht Kartoffeln hatte. Alle diese Sachen geschahen unzählige Male, bevor ein neues Kapitel aufgeschlagen wurde.
Langsam stand Irma in all ihrem Tun unter diesem Bann. Wenn sie Schularbeiten machte, während ich bei ihr am Tisch saß, und sie oben auf der Seite rechnete, so bildeten sich unten auf derselben Seite Schlangenlinien in seltsamen Formen, die sich überall wiederholten, ebenso die Zeichnung von einem Haus mit angebauter Scheuer und ganz merkwürdig tiefen, schwarzen Schatten.
Das meiste geschah nun, wenn Irma zugegen war, aber auch in der abgeschlossenen Wohnung, wenn niemand darin war, passierten die tollsten Sachen. So war ich mit beiden Kindern vor dem Haus beim Holzaufschichten, hatte als letzte die Wohnung verlassen und abgeschlossen und hielt den Schlüssel in der Tasche. Da kam mein Mann zufällig heim, und wir gingen hinauf. In der Wohnküche war die für den Abend vorgekochte Milchsuppe in gleichmäßigem Halbbogen über den Boden gegossen. Das auf dem Schrank stehende Gericht (Blutwurstgröstl) war mit Milch, die auf dem Herd gewärmt war, verdünnt worden und mit einem Silberlöffel, der aus der Schublade genommen war, aufgefressen. Dabei war viel verschmutzt und verschüttet. Fast immer lag auch, wenn die Wohnung allein und gut verschlossen war, ein Kothaufen darin.

So war es Dezember geworden und unsere Hausgeister wurden aggressiv: Mein Mann und ich waren in unserer kleinen Wohnküche zugegen, als Irma Kartoffeln schälte und plötzlich von ihrem Arm Blut tropfte. Der Unterarm war sechs bis sieben Zentimeter aufgeritzt, und gleich darauf lag in Irmas Nähe eine blutbefleckte Rasierklinge. Es war der 8. Dezember, ein Sonntag, und mein Mann war daheim. Irma, die ihr ungewöhnlich langes und schweres Haar in zwei Zöpfen trug, kam mit einem Korb voll Holz herein, den sie in beiden Händen trug und mit übergeben wollte. Da fiel ein Zopf, von Geisterhand in Schulterhöhe abgeschnitten, in den Korb. Mein Mann und ich standen neben dem Mädchen und konnten nur zusehen, wie dieses schwere Haar in einem Schnitt geräuschlos niederfiel. Wir überlegten noch, wie wir das Haar nun ordnen sollten, wollten aber zuerst zu Mittag essen. Irma hielt die Schüssel, die ich füllte, und mein Mann wollte sie annehmen, da fiel der andere Zopf, auf gleicher Höhe abgeschnitten, zu Boden. **Das war der Augenblick, wo mein Mann einsah, das wir hilflos einer unsichtbaren Macht ausgeliefert waren.** Trotz aller Vorsichtsmaßnahmen wurden Irma an diesem Tag die Haare noch zweimal abgeschnitten, bis dicht an die Kopfhaut.
Vier Wochen später wurde Irma in meinem Beisein, während ich ihr die Bluse zuknöpfte, eine scheußliche Kopfwunde beigebracht: Irma bückte sich plötzlich und faßte an ihr Bein, weil sie meinte, es habe sie etwas gestochen, da schoß ein Blutstrahl aus ihrem Kopf. Das Blut schoß so schrecklich über Kopf, Brust und Rücken, daß ich nur mit Mühe in dem blutdurchtränkten Haar feststellen konnte, daß ihr etwa sieben Zentimeter lang die Kopfhaut durchschnitten war. Nachdem ich das Mädchen, das bis auf den Leib mit Blut durchtränkt war, verbunden und gewaschen hatte, schickte ich es zum Arzt. Ich nahm hier die Blutlachen auf und hatte schon zum drittenmal die Stelle trockengewischt, da lag auf dem sauberen Boden, genau am Tatort, eine blutbefleckte Rasierklinge! Und der Arzt hat Irmas Wunde, die bis auf den Schädelknochen durchging, über zwei Wochen tamponieren müssen.
Während die täglichen Schikanen hier weitergingen, von deren Menge und raffinierten Quälereien gar kein rechtes Bild gegeben wer-

den kann, zeigte es sich, daß immer von Zeit zu Zeit eine besondere Bosheit auftrat, vor allem in der Schlüsselgeschichte. Man muß sich vorstellen, daß alles eingeschlossen werden mußte, nicht nur alle Lebensmittel, auch alle Rohvorräte, alle Schüsseln, in denen sich Suppen oder Fleischreste befanden, ebenso alle Getränke; dazu alle Messer, Scheren, Kämme, Federhalter, Bleistifte, alles an Briefpapier und Karten, alle Cremes und Pasten, Schuhcreme, Lederfett, Öl, Petroleum, alle Medikamente, Kerzen, Rauchwaren und vor allem Streichhölzer, von Schmuck, Uhren, Geld und Lebensmittelkarten gar nicht zu reden. Das Zermürbende war das Einschließen aller Kleinigkeiten, die im nächsten Augenblick wieder gebraucht wurden. Erschwerend kam hinzu, daß für das meiste in der Nachkriegszeit kein Ersatz zu beschaffen war.
War nur irgend ein Ding ganz kurz aus der Hand glegt, war sofort ein grober Unfug damit angestellt. Ein unbenutztes Küchenmesser z.B. wurde sofort zerbrochen, die Silberlöffel zu einem Ring zusammengebogen, von den Nagelreinigern wurden die Spitzen abgebrochen; lag eine Kerze frei, schwamm sofort die ganze Herdplatte in Wachs. Stand eine Dose Schuhcreme oder Lederfett herum, war im Nu der halbe Fußboden eingewachst, aber wohlgemerkt, der halbe Fußboden! Das sah häßlich aus, und die eingeriebene Fläche klebte scheußlich und war schwer zu reinigen. Streichhölzer waren ganz gefährlich, weil alles angesengt und angebrannt wurde. So ließe sich zu jedem Gebrauchsgegenstand etwas schildern. War es auch oft ulkig in Idee und Ausführung, diente es doch immer der „Arbeitsbeschaffung“ und zog den Ärger über die Verschwendung nach sich.
Die Schlüssel waren ein Hauptgegenstand der Spukerscheinung und ein ständiger Grund zur Unruhe. Ich trug die vier in Frage kommenden Schlüssel mit einer starken Schnur zusammengeknüpft und um den Leib gebunden, aber auch das war kein Schutz. Von Frau H. wird der mehrmalige Vorfall bezeugt, daß mir, wenn ich im Erdgeschoß bei ihr in der Küche war und die verknoteten Schlüssel in der Hand hielt, ein Schlüssel unmerklich aus der Hand verschwand. Die Schnur war dann auffallend anders geknotet, und hier oben war der auf dem Gang stehende Schrank, den die Kinder nicht erreichen konnten (weil ich immer hinter mir die Küchentür abschloß), mit

dem fehlenden Schlüssel aufgeschlossen und ausgeraubt. Leere Gläser, Dosen und Tüten fand man dann ums Haus verstreut.
Schlüssel waren mit keiner List zu halten, auch nicht auffindbar, wenn sie verschwunden waren. Sie wurden nach Tagen, auch Wochen, wenn der Augenblick der Rückgabe gekommen war, irgendwo gut sichtbar hingelegt, auf den Tisch oder die Betten, jedenfalls dahin, wo sie nie gelegen haben konnten.
Sowohl Frau H. als auch ich haben die Schlüssel monatelang Tag und Nacht um den Körper gebunden getragen und haben uns doch nicht vor Schaden hüten können. **Inzwischen war Frau H. in böser Form in den Spuk einbezogen worden.** Auch in ihrer Wohnung lagen die Kothaufen und flossen die schauderhaft riechenden Urinbäche. Das Beste an Kuchen und Fleisch verschwand, die verschlossene Wohnungstür war sehr oft geöffnet, die Schränke und Schubladen aufgesperrt und Semmeln, Zucker und Butter (die Lieblingsspeisen) herausgerissen, verstreut oder zum größten Teil verschwunden. Es sah dann so aus, wie der Volksmund sagt: als wenn der Teufel darin gehaust hätte. Wie oft ist mir bei diesen früher gedankenlos gebrauchten Ausdrücken nun der wahre Sinn klargeworden! – Das Übergreifen der dämonischen Macht auf Frau H.s Haushalt war wohl, wie es sich öfters erwies, die Rache der bösen Macht, die überall fühlbar wurde, wo eine Einmischung oder Hilfe stattfand.
In der Silvesternacht war bei uns alles durchwühlt, der Inhalt aller Schubladen fürchterlich durcheinandergewühlt und vertauscht. In der Wohnküche standen Irmas einzige hohe Winterschuhe; darin stak ein geöffnetes Rasiermesser und die Schuhe waren restlos zerschnitten. Sie waren sogar so zerschnitten, daß sich ein Schuhmacher äußerte, das könne nur ein Fachmann gemacht haben, dem genau bekannt sei, wie man jedes Teil unbrauchbar machen könne. Daß sich das neue Rasiermesser im Haus befand, wußte außer meinem Mann niemand, da er es von einer Reise ins Rheinland mitgebracht und weggelegt hatte. Zudem waren wieder die Heiligenbilder heruntergerissen und mit schwarzer Salbe überschmiert.
Es war überhaupt eine Zeit, wo alles geschah, um meinen Mann zu ärgern. Sein Tabak wurde zu Pulver zerstampft, Medikamente, die er für sein Herzleiden nehmen mußte, wurden in den Waschkrug ge-

gossen, Kämme und Nagelfeilen zerbrochen, Hand- und Rasiercremes in sein Bett ausgedrückt. Und niemals wurde etwas gesehen. An einem Abend arbeitete mein Mann in der Wohnküche an einem Geschäftsbuch, in dem die Belege für seine Tätigkeit aufgezeichnet waren. Die Kinder schliefen schon lange im Schlafzimmer und auch ich lag zu Bett. Mein Mann steckte Buch und Geld in seine Aktenmappe und stellte sie in die Wohnecke auf den Schreibtisch. Als er vor dem Schlafengehen noch etwas nachsehen wollte und das Buch aufschlug, waren alle beschriebenen Seiten (etwa die Hälfte des Buches) mit einem Messer herausgeschnitten und somit die Belege für den Monat dahin. Auf dem Deckel war die in der Handschrift meines Mannes geschriebene Bezeichnung „Kassenbuch" ausradiert und in Irmas Handschrift ihr Name und die Bezeichnung der Schulklasse darauf geschrieben. Außerdem fehlten von dem im Kassenbuch liegenden Geld 38,- DM.
Der neue Ärger für den Januar war, **daß der elektrische Kocher und eine Heizplatte kochten und glühten, ohne daß sie angeschlossen waren.** Ich hatte schon bemerkt, daß das Bügeleisen ohne Verbindungskabel heiß wurde, und hielt deshalb alle Kabel eingeschlossen. Trotzdem kochte im Kocher oftmals irgendeine Suppe, die von kochfertigen Suppen, Kartoffeln oder Milch, d.h. von allem hergestellt war, was man einzuschließen vergessen hatte. Die Kartoffeln darin waren fein geschnitten, aber nie sah man eine Bewegung, nur daß auf einmal der lustig kochende Kocher sichtbar dastand, der eben noch im Schrank gestanden war. Zu vielen Malen habe ich, wenn ich am Herd kochte, auf einmal zwischen meinen Töpfen einen auffallenden Milchkocher stehen sehen, und wenn ich ihn aufdeckte, war eine Suppe darin, die aus dem bestand, was ich gerade zubereitete. So konnte sich die sehr skeptische Schwester meines Mannes bei ihrem Besuch hier überzeugen, wie einmal innerhalb einer Minute ein elektrischer Kocher, ohne irgendwo angeschlossen zu sein, glühend heiß dastand, völlig angebrannt und die Suppe schon aufgegessen. Die Sache ging folgendermaßen vor sich: Nach Mittag hatten wir die Küche fertig aufgeräumt, Irma ging zum Milchholen weg, meine Schwägerin, ich und die Kleine begaben uns ins Schlafzimmer, dessen Tür ständig offensteht. Ich hebe die kleine Ditti ge-

rade aufs Bett, da poltert es in der Küche ganz tüchtig. Wir eilen diese drei Schritt bis zur Tür und sehen sogleich die Kochvorbereitungen. Der Kocher war aus dem Schrank genommen, ein Verbindungskabel nicht vorhanden. In einem Becher war mit einem Rührbesen, der noch darin stand, Mehl angerührt. Es roch sehr stark nach Buttermilch. Der Kocher war glühend heiß, völlig schwarz angebrannt, und die dickgekochte Buttermilchsuppe schien herausgeschüttet. Die rohe Buttermilch aber war bei uns im Schlafzimmer an der Balkontüre gestanden und hätte bei uns vorbeigetragen werden müssen. Für den ganzen Vorgang stand aber nur die Zeit zur Verfügung, die wir vom Verlassen der Küche bis zum anderthalb Meter entfernt stehenden Bett brauchten.

Ich weiß, daß es nur für den zu glauben ist, der es gesehen hat, und für diejenigen, die sich mit diesen Vorgängen beschäftigt haben. Habe ich doch selbst in einem Alter, wo ich die Mitte der Fünfziger schon überschritten hatte, die ganze Theorie meines Lebens, mein Weltbild, umstürzen müssen. – Außer von den Erscheinungen, die die Kinder sahen, habe ich mit Absicht nichts von dem berichtet, was die Kinder erlebt haben, weil man da nicht weiß, was aus Wichtigtuerei gesagt wird oder, wenn es Tatsache ist, wo Wahrheit und Phantasie verschwimmen.
In dem kleinen Dorf hier hatten wir keinen leichten Stand. Waren wir bis dahin überall beliebt gewesen, so änderte sich das sehr. Der eine Teil der Leute glaubte uns und unterstützte uns nach Kräften, der andere sah in uns Schwindler und feindete uns an. Es bildeten sich zwei Parteien, die auch untereinander heftig stritten. Der energischen Gegenwehr unseres Hausbesitzers, der uns nicht aus seinem Haus weisen ließ, ist es zu danken, daß wir bleiben konnten.
In dieser Zeit, wo wir nur mit großer Sorge in die nächste Zukunft schauten, da durch die drohende Ausweisung auch die Verdienstmöglichkeit genommen worden wäre, und wir im Haushalt ein aufregendes Leben mit ständigen Überraschungen führen mußten, und in der anhaltenden Spannung – Was geschieht jetzt und was kann noch geschehen? – erfuhr ich vom Heilig-Kreuz-Kloster in Scheyern. Es wurde mir gesagt, daß ein bestimmter Pater (dessen Namen ich auf

seinen Wunsch nicht nenne) die Kraft habe, der bösen Macht entgegenzutreten und es schon in manchen Fällen getan habe.
(Anmerkung: **Die Kraft, im Namen Jesu den Dämonen zu gebieten** und sie auszutreiben, hat grundsätzlich jeder getaufte Christ im Stande der Gnade. Im besonderen hat jeder katholische Priester eine eigene Weihe und Vollmacht dazu. Leider aber wird diese Kraft nur selten benützt, denn viele haben zu wenig Glauben und Vertrauen in die ihnen verliehene Macht, viele nehmen den Teufel auch zu wenig ernst, weil sie nicht über die nötige Erfahrung und das Wissen verfügen.)

Mit schwerem Herzen bat ich in einem Schreiben den hochwürdigen Herrn um Hilfe und legte die Durchschläge meiner Korrespondenz mit dem Ordinariat bei. Durch diese wurde erhärtet, in welcher Not wir uns befanden. In wenigen Tagen hielt ich eine gütige Zusage in der Hand. Mit welcher Erleichterung ich das Schreiben las, kann nur der ermessen, der das Leben kannte, das zu führen ich gezwungen war. Der Herr Pater glaubte mir, weil ich ihm gar nichts so Besonderes oder Neues mitgeteilt hatte. Er kannte ja diese Fälle, die sein langes Leben häufig an ihn herangetragen hatte. Ihm war die fürchterliche Nervenspannung bekannt, in der die Betroffenen von der unseligen Macht gehalten werden. Was ich hier berichte, ist ja nur Stückwerk und vermittelt nur Ausschnitte und bleibt himmelweit hinter dem zurück, was wir an Scheußlichkeiten und Quälereien schon über acht Monate erlebt hatten.
Der Pater sandte mir mehrere geweihte Scheyrer Kreuzlein und bat mich, dieselben heimlich und unsichtbar in der Wohnung aufzuhängen. Von diesem Augenblick an ist hier weder ein Kothaufen noch eine Urinlache aufgetreten. Die Kinder erfuhren auch nichts mehr von dem vorgesehenen Exorzismus. Der Briefwechsel mit dem Herrn Pater liegt zeitlich von Mitte bis Ende Februar 1947 und – ob man es versteht oder nicht – **es ist Tatsache, daß hier Ruhe war, nachdem der Herr Pater den besonderen Segen, verbunden mit einem Exorzismus, aus der Ferne gegeben hatte.**
In der nächsten Woche bin ich mit den Kindern und Frau H. zum Heilig-Kreuz-Kloster nach Scheyern bei Pfaffenhofen (Ilm) gefahren, um dem hochwürdigen Herrn meine tiefste Dankbarkeit per-

sönlich auszusprechen und den Kindern das heilige Kreuz auflegen zu lassen. Dort erfuhr ich von dem Herrn Pater manche Begebenheit dieser Art und auch, daß die Segnung (mit dem kleinen Exorzismus) nicht immer wirkt, sodaß in manchen Fällen das Unglück nach einiger Zeit wieder beginnt.

Aber hier war nun Ruhe, wunderbare, herrliche, wohltuende Ruhe! Nichts, aber auch gar nichts ereignete sich mehr. Alles konnte herumstehen wie früher, nichts rührte sich mehr von selbst. Denn das war ja gerade das Aufreibende, daß man das Verschwinden der Sachen nicht sah, auch wenn man davor am Tisch saß und dann mit einemmal feststellte: Hier ist ja im Augenblick noch ein ganzer Brotlaib gelegen!

Das war nun alles vorbei. **Da kommt aus einem Dorf, acht bis zehn Kilometer entfernt, die Nachricht von spukartigen, diabolischen Umtrieben** bei einem über 60jährigen Flüchtlingsehepaar. Es konnte sich dort jeder überzeugen, wie die Haushaltsgegenstände lautlos und unsichtbar durch die Luft flogen, aber mit lautem Knall an den Kopfenden der beiden Betten aufschlugen und zum Teil zerschellten. Mehrmals wurden die Leute erheblich verletzt; einmal bekam der Mann einen ein Kilo schweren Stein ins Genick. Wir erfuhren Mitte März davon, fuhren hin und hatten den Eindruck von fassungslosen, verzweifelten Menschen. Doch steht es mir nicht zu, diesen Fall zu schildern, ich tue es nur, soweit er mit unserem Spuk zusammenhängt.

Wir erfreuten uns also hier drei Monate der Ruhe, und dort wurden die Leute wirklich teuflisch gequält. Es waren einfache Menschen, die in einfachen Verhältnissen in nur einem Zimmer lebten. Der Mann war früher Briefträger gewesen. Wer ihn nach drei Monaten sah, zerfahren, nervös, dem Weinen nahe, mit der immer wiederkehrenden Bitte um Hilfe, der wußte, wie weit die Menschen in ihrer Verzweiflung waren. Er erzählte von der letzten Nacht, daß sie wie seit Wochen keinen Schlaf hätten finden können, daß, als sie kaum im Bett waren, der Inhalt der Weckgläser ins Bett geschüttet und die leeren Gläser durch die Fensterscheiben geworfen wurden. Dann flogen die Schuhe, die im Schrank standen, ebenfalls durchs Fenster. Kaum waren die Betten gereinigt, flog ein gefüllter Was-

sereimer in die Betten, ebenso eine Kohlenkanne. Die Bettücher rutschten unter ihrem Körper weg usw.
Der Mann bat flehentlich, für ihn im Heilig-Kreuz-Kloster um Hilfe zu bitten. Das habe ich gleich getan, und der Herr Pater hat mit dem gleichen Erfolg wie hier geholfen. Nach acht Tagen kam der Mann beglückt hierher, um mir zu danken, doch ich konnte mich des Dankes nicht erfreuen, denn **vom selben Tag an, wo die Hilfe für die anderen Leute ihre Wirkung zeigte, hatten wir den Spuk wieder hier!** Das war, was ich damals noch nicht wußte, die Rache für die Einmischung.
Zuerst haben wir alle uns gesträubt, es zu glauben, daß das Elend wieder beginnen könnte, aber es begann trotzdem: Die erste Tat war, daß unser Aschenkasten aus dem Fenster geschüttet war, und zwar in Frau H.s frisches Frühbeet. Aber da die Kinder in der Küche eingeschlossen waren, konnten sie es gewesen sein. Gleichzeitig war der Herd so unglaublich dicht mit verbranntem Papier vollgestopft, wie es die Kinder in dieser Menge nicht zur Verfügung hatten. Zu derselben Zeit sahen wir auch die Kothaufen und Urinbäche wieder, gleichmäßig auf Frau H.s und unseren Haushalt verteilt. Der Streich mit dem verbrannten Papier wurde von der geheimnisvollen Macht nun als Steckenpferd geritten: Überall lag es herum in ganzen Ballen, unter den Betten, auf allen Treppenstufen, in jeder Zimmerecke, alles war angebrannt und angekohlt. Oft war auch alles voll Rauchwolken, doch sah man nie eine Flamme. Dazu brannte immer das elektrische Licht, sooft man es auch ausschaltete, und Kerzen brannten von selbst an. Lebensmittel verschwanden wieder, Donnerstag und Freitag wurden wieder zu Höllentagen wie schon in der ersten Periode. Das heißt, am Donnerstag ging der Zauber schon gesteigert los, um sich am Freitag auf den ganzen Tag auszudehnen. Als besondere „Erheiterung" für uns fielen dann die Wassereimer von selbst um. Da wir keine Wasserleitung hier oben haben, müssen gefüllte Eimer hier stehen. Beim größten Rummel wurde an jedem Freitag einigemale ein Eimer dazwischengeschüttet. Damit man aber auch sicher wußte, von welcher Seite diese „Freundlichkeit" kam, war der Eimer, wenn man ihn nach Minuten aufhob, immer noch zur Hälfte gefüllt!

Dieses neuerliche Auftreten des Spuks fiel etwa in den Juli 1947. Hatten wir erst nur auf ein kurze Gastrolle gehofft, so mußten wir diese Hoffnung bald fahren lassen. Die Kinder sahen wieder die Erscheinungen, und der Herbst stand fast unter denselben Bedingungen wie im vorigen Jahr. Zu meinem Ärger fiel auch Klein Ediths schönes Haar der unsichtbaren Schere zum Opfer. Es gab keine verschlossenen Türen mehr, aber sehr viel Ärger.

Ich war innerlich sehr verzweifelt und dachte, daß es keine Hilfe mehr für uns geben könne, aber im Frühwinter wurde ich noch einmal beim Heilig-Kreuz-Kloster vorstellig. Und wieder war die Wirkung gleich spürbar: zuerst eine Zeit völliger Ruhe, dann hin und wieder ein größerer Schlag, aber die ungewöhnlichen Kleinigkeiten verebbten im Februar 1948 ganz. Es sind ja gerade die an sich unmöglichen kleinen Taten dieser Macht gewesen, die pausenlos in ganzer Fülle auf uns niederprasselten, die so entnervend wirkten. Nur wer den mit teuflischer Schläue und Bosheit ausgedachten Kleinigkeiten des Lebens ausgesetzt war, die einen Rattenschwanz von Ärger, Streit und Zank nach sich ziehen, weiß, was ein Dämon vermag, und ist gezwungen, seine Schlüsse daraus zu ziehen. Darum möchte ich zum Schluß noch einmal auf den schon erwähnten Satz einer hohen kirchlichen Persönlichkeit hinweisen:

„Wer dieses Hereinragen der Geisterwelt in die natürliche Welt und ihre Macht sieht und an sich erfährt, der ist gezwungen, an die andere Welt zu glauben, und wird sich hüten, dem Dämon in der Ewigkeit in die Klauen zu geraten.“

* * *

Auf einige Anfragen antwortete Frau Carola Schrey aus Lauter bei Traunstein am 3. April 1950 unter anderem folgendes:

„Die Herren Prof. Dr. Dr. Bender, Freiburg i. Br., und Prof. Dr. Dr. Fischer, Marburg an der Lahn, haben hier (im August 1949) in fünftägiger Arbeit mit den modernsten Mitteln und Apparaten den Fall und die Personen geprüft, der erstere als Parapsychologe, der zweite als Psychotherapeut. Nirgends konnte ein Schwindel festgestellt werden, und der Fall wurde als solcher bejaht. Den religiösen Stand-

punkt erkennt diese Wissenschaft nur teilweise an und versucht, halbe Erklärungen auf seelischem Gebiet unter Heranziehung des Unterbewußtseins und medialer Kräfte zu finden. Tatsache bleibt aber die Anerkennung.
Daß der (erste) Seelsorger meinen Schilderungen nicht glaubte, ist für mich nichts Ungewöhnliches, standen wir doch in der furchtbaren Zeit ganz allein allem Spott und Unglauben gegenüber, ohne jede seelsorgerliche Hilfe. **Ein Teil der Geistlichen glaubt nicht an das Sichtbarwerden der Dämonen und hält Hysterie für die Ursache der Beobachtungen.** Ein anderer Teil betonte mir gegenüber (aus Bequemlichkeit), keine Handhabe zur Hilfe zu haben.
Die schon verschiedentlich an mich gerichtete vorwurfsvolle Frage, wenn alles wirklich so gewesen wäre, wie es denn möglich war, auszuharren und nicht einfach davonzulaufen, muß ich wohl noch berühren: Freilich war der Zustand kaum erträglich und ließ oft einen Nervenzusammenbruch befürchten. Ich bin hier in mancher Ohnmacht gefunden worden. Zu vielen Malen hat der nahe vorbeifahrende Zug eine anziehende Wirkung auf mich ausgelöst und (innerlich) wurde mir gesagt, daß auf den Schienen die Ruhe zu finden sei – bis ich auch da den Einfluß des Teufels erkannte. Aber da ist auch noch der menschliche Standpunkt zu erwähnen: Einfach weglaufen? Wohin? Gleich nach dem Krieg, 1946, wo kein Wohnraum frei war!
Was hätte ich unternehmen sollen, als mir die Übernatur bekannt wurde? Die Polizei saß tagelang hier, ohne den Geist zu fassen. Von geistlicher Seite fand ich vorerst keine Hilfe. Aus meinem Bericht geht hervor, daß ich alle Einzelheiten dem Ordinariat mitteilte. Von irgendwelchen „wissenschaftlichen" Untersuchungsmöglichkeiten war mir damals nichts bekannt und ich weiß heute, daß von dort keine Hilfe möglich gewesen wäre. (Die Parapsychologie will alles ohne Teufel erklären und kann so auch nicht helfen!)
Die geschilderten Tatsachen vermitteln nicht den zehnten Teil, weder der Vorkommnisse noch des Ärgers, der Nervenanspannung und aller seelischen Qualen. **Wüßte der größere Teil der Menschen, was die teuflische Macht ist, wie sie den Menschen hetzt, welche Mittel sie anwendet, sähe es anders auf der Welt aus!"**

3. Eine Teufelsaustreibung in Böhmen, 1881[2)]

Juliana Steiml, geboren im Jahr 1862 **im Dorf Hohenau,** Amtsbezirk Freyung im Böhmischen Wald, war die uneheliche Tochter des 26jährigen Schuhmachergesellen Franz Steiml und der sechs Jahre jüngeren Hausbesitzerstochter Juliana Braumandl (+1919). Erst im Jahre 1865 heirateten die beiden. Von den dreizehn Kindern des Ehepaares blieben nur Juliana und Theresia und der 1870 geborene Sohn Franz am Leben. Im Jahr 1884 siedelte die ganze Familie von Hohenau nach Zwiesel im Böhmischen Wald über.
Der Schuhmachergeselle Franz Steiml bekam wegen seines unerlaubten Umgangs mit seiner Geliebten und wegen des unehelichen Kindes von seinen Eltern wiederholt heftige Vorwürfe. Darüber geriet der junge Mann derart in Zorn, **daß er einmal sein uneheliches Kind Juliana verfluchte,** indem er rief: „Dich soll schon der Teufel holen und in Besitz nehmen!“ Im Juli 1881 gestand er das auch auf dem Heiligen Berg in Pribram dem Redemptoristenpater Zeman, indem er sprach: „Ich habe das Unglück meines Kindes selbst verschuldet, weil ich es bald nach der Geburt verflucht habe.“
Juliana wuchs heran und wurde ein starkes, gesundes und in der Schule fleißiges und folgsames Mädchen. **Doch im achten Lebensjahr bekam sie plötzlich am Karfreitag des Jahres 1870 heftige Krämpfe, die sie zur Erde niederwarfen,** wo sie sich vor Schmerzen krümmte. Solche Krämpfe wiederholten sich dann jede Woche und dauerten oft mehrere Stunden lang. Bisweilen wurde ihr dabei das Gesicht nach rückwärts gedreht, sodaß der Hinterkopf mit den Haaren vorn war, wo das Gesicht sein sollte. Hie und da bildete sich eine große Beule an ihrem Hals, die sich heftig bewegte und nach einiger Zeit wieder verschwand. Dabei schrie das Mädchen fürchterlich, sodaß der Lärm weit und breit zu hören war.
Das sonst gutmütige und sanfte Mädchen wurde manchmal sehr wild: Es ergriff irgend ein Messer oder ein Beil oder einen großen Stein und ging drohend auf die Leute los. Sehr auffällig war, daß, wenn der Anfall aufgehört hatte und das Mädchen zu sich kam, es nichts von dem wußte, was vorgefallen war und was es getan hatte; es zeigte

dann wieder ein kindliches und mildes Wesen. Auch schien es dann ganz gesund zu sein. Doch von jener Zeit an, wo die Krämpfe auftraten, versäumte Juliana infolge der Krankheit wiederholt die Schule und zeigte beim Unterricht an nichts mehr Interesse. Die Krankheit des Kindes verursachte dem Vater sehr große Auslagen: Er mußte eine Kuh um die andere verkaufen, bis er schließlich ganz verarmte.

Die Ärzte, die von den Eltern gerufen wurden, konnten sich den Zustand Julianas nicht erklären, zumal da alle angewandten Arzneimittel nichts halfen. Die Ärzte im Krankenhaus zu Passau, wo das Mädchen sechs Wochen lang behandelt wurde, sandten es ungeheilt zurück. Schließlich erklärten sie, da sie sich nicht auskannten und auch die Ursache der Krankheit nicht ausfindig machen konnten, daß sich Juliana verstelle.

Der Vater wandte sich hernach auch an die Ortsgeistlichen, an den Pfarrer und dessen Kaplan, um Rat. Nachdem diese die Vorgänge mit dem Mädchen einigemal beobachtet hatten, kamen sie zur Überzeugung, daß sich die Sache auf natürliche Weise nicht erklären lasse, und es stieg in ihnen die Vermutung auf, daß teuflische Einflüsse vorhanden sein könnten.

Im Jahr 1880, als das Mädchen schon achtzehn Jahre alt war, kam ein neuer Hilfspriester nach Hohenau, der **Kaplan Johann Kropfmüller** (†1911), ein sehr kluger und eifriger Priester, der später Regens des Knabenseminars in Passau wurde. Auch dieser wurde von den Eltern gerufen und um Rat gefragt. Als er die Kranke besuchte, gab er ihr den priesterlichen Segen. Hierbei fiel es ihm auf, daß das Mädchen sogleich in Zuckungen geriet und unter großem Geschrei neue Krämpfe bekam. Als er es ein andermal mit Weihwasser besprengte, krümmte es sich, als ob es mit heißem Wasser begossen worden wäre, schrie auf und fluchte. Dieses Verhalten schien dem Kaplan umso auffälliger, als er erfuhr, daß das Mädchen stets ein ruhiges und friedliches Kind gewesen sei und daß es, wenn es bei vollem Bewußtsein war, nie zornig geworden sei und niemals geflucht habe.

Da Juliana gern Wasser trank, mischte der Kaplan eines Tages dem Trinkwasser heimlich einige Tropfen Weihwasser bei. Dieses Was-

ser aber wies sie energisch zurück. Wenn das Mädchen aber dennoch notgedrungen davon trank, schrie es vor Schmerz auf und schien zu ersticken; auch erbrach es dann alles Genossene. (Das Weihwasser hat eine besondere Kraft gegen den Teufel und vertreibt ihn. Bei der Wasserweihe betet nämlich der Priester: „Es soll weichen jeder unreine Geist!“)
Einmal brachte der Kaplan eine geweihte Stola und legte sie auf die Kranke. Das Mädchen, in Wahrheit der böse Geist, warf sie sogleich mit großer Heftigkeit weit fort. Ein andermal legte der Geistliche auf die Stirn des Mädchens die Reliquie eines Heiligen. Da wehrte es sich dagegen und zischte wie eine Schlange. Wenn aber der Kaplan die Kranke mit einem ungeweihten Gegenstand berührte, war an ihr nicht die geringste Veränderung zu bemerken.
Wenn Juliana sehr fluchte oder heftig schrie, legte ihr gewöhnlich der Geistliche seine Hand auf den Mund, und siehe, augenblicklich verstummte das Mädchen, ein Beweis, welche Kraft gegen den bösen Feind den geweihten Fingern eines Priesters innewohnt. Anderen Leute aber, welche ihre Hand auf den Mund des fluchenden oder schreienden Mädchens legten, kratzte es die Hand blutig. Einmal kamen aus dem Munde des Mädchens die Worte: **„Wir fürchten die priesterliche Hand mehr als die Stola oder das Kruzifix oder die Reliquien der Heiligen.“** Ein andermal kam aus dem Mund der Kranken die Behauptung, daß sie von drei bösen Geistern in Besitz genommen sei. Auf die Frage des Kaplans, was die bösen Geister eigentlich beabsichtigten, kam die Antwort: „Wir wollen das Mädchen umbringen.“ Nun war dem Geistlichen klar, daß sich der Satan in dem Mädchen festgesetzt hatte, **daß sie also vom Teufel besessen sei.** Daß bei den Anfällen, die Juliana hatte, jemand anderer aus ihr sprach, ergab sich auch aus folgendem: Das Mädchen sprach bei solchen Anfällen mit männlicher Stimme. Auch hatte es beim Sprechen den Mund verschlossen und bewegte die Lippen nicht. Zudem hatte es die Augen zu und schien zu schlafen. Auf lateinische Fragen gab es fehlerfreie lateinische Antworten, obgleich es als schlichtes Bauernmädchen in seinem ganzen Leben außer den lateinischen Worten in der Kirche nie lateinisch sprechen gehört hatte. Am 13. März 1880 bekam der Kaplan auf seine Aufforderung, der böse Geist solle wei-

chen, die tadellose lateinische Antwort: „Ich werde nicht weichen, niemals werde ich weichen." Ferner sprach der Teufel durch den Mund des Mädchens zum Kaplan: „Du hast nur eine kleine Macht; meine Macht ist viel größer als die deine." Hätte Juliana selbst gesprochen, hätte sie den Priester nicht geduzt, denn sie redete ihn sonst immer mit „Sie" an.
Sehr auffallend war auch der Umstand, daß aus dem Mund des Mädchens Mitteilungen von geheimen und zukünftigen Dingen kamen. Eines Tages, als Juliana einen schweren Anfall hatte, riefen deren Eltern, ohne daß sie davon wußte, den Kaplan Kropfmüller. Als dieser unterwegs war, rief das mit verschlossenen Augen daliegende Mädchen, d.h. der Teufel: „Macht die Tür zu, damit er nicht herein kann!" und stieß Fluchworte gegen den Kaplan aus. Als dieser dann in der Stube war, tönten aus ihrem Mund die Worte: „Werft ihn hinaus!"

Am 15. März 1880 sandte der genannte Kaplan einen auch von seinem Pfarrer unterschriebenen Bericht an den Diözesanbischof von Passau und bat um die Erlaubnis, den Exorzismus (die Teufelsbeschwörung) an der Besessenen vornehmen zu dürfen. Zum Beweis, daß „in dem Mädchen dämonische Kräfte wirken", machte er Kaplan den Bischof auf folgendes aufmerksam: „Wenn man das Mädchen mit Weihwasser besprengt, so wird es förmlich rasend"; es zeigt einen heftigen Widerstand gegen heilige Sachen, gegen Stola und alle geweihten Gegenstände, die es sogleich von sich wirft. Das Mädchen gibt auf lateinische Befehle lateinische Antworten, obgleich ihm diese Sprache gänzlich unbekannt ist. Ihre Antworten werden zudem in höhnischem und verächtlichem Ton gegeben. Das Mädchen weiß Vorgänge, die in weiter Entfernung vom Haus geschehen: Es wußte z.B., daß sich der Kaplan zu ihr ins Haus begebe und schon unterwegs sei. Als man dann heimlich auch den Pfarrer rufen ließ, schrie Juliana: „Jetzt bringen sie mir noch einen! Ich fürchte auch diesen nicht, denn er hat noch weniger Macht!"

Außer diesem Bericht an den Bischof sandte der Kaplan einige Tage später, am 22. März 1880, noch einen zweiten Brief an das bischöfliche Ordinariat ab, worin er folgendes erwähnt: Der Teufel gab auf die Frage, wieviele böse Geister das Mädchen in Besitz genommen hätten, die Antwort: **„Ein Dämon besitzt sie seit zehn Jahren, ein zweiter seit fünf Jahren und ein dritter seit fünf Wochen.“ Und auf die Frage, warum sie das Mädchen peinigten, wurde geantwortet: „Wir wollen es ermorden und seine Seele in die Hölle mitnehmen.** Wir haben schon den Versuch gemacht, es zu töten, zu erstechen, zu erdrosseln, ihm die Brustader zu sprengen.“ Und auf die weitere Frage, wer ihnen die Macht dazu gegeben habe, folgte die Antwort: „Der Allerhöchste“. – Soweit der Bericht des Kaplans an den Bischof.

Obgleich das Mädchen von beiden Briefen an den Bischof nichts wußte, schimpfte es beim nächsten Besuch des Kaplans: „Nicht wahr, du Heuchler, du hast schon geschrieben! Wir sind neugierig, wie du vom Bischof die Erlaubnis bekommen wirst.“ (Der Satan redete also in der Mehrzahl.) Am 2. April 1880 erteilte der Bischof Josef Franz von Weckert (†1889) eine ablehnende Antwort. Darin erklärte er: „Es liegt keine Spur von Besessenheit vor. Die Vollmacht zur Vornahme des Exorzismus wird nie erteilt werden.“ Gleichzeitig verbot er dem Kaplan, das Mädchen weiterhin zu besuchen. Dem Pfarrer Josef Lueg (†1890) erteilte er den Rat, dafür zu sorgen, daß eine gründliche ärztliche Untersuchung des Mädchens stattfinde. Bevor noch das bischöfliche Schreiben in Hohenau eingetroffen war, rief der Teufel dem Kaplan Kropfmüller, als dieser in der Wohnung Steimls erschien und ihm im Namen Gottes zu weichen gebot, die Worte zu: „Ich werde nicht weichen, aber du wirst weichen!“ Und tatsächlich wurde Kropfmüller schon am 20. Januar 1880 vom Bischof nach Iggensbach versetzt. Dem bischöflichen Wunsch entsprechend wandte sich der Pfarrer an den praktischen Arzt Dr. Scharl aus Perlesreuth um ein Gutachten. Dieser besuchte Juliana nur ein einziges Mal und war bei keinem Anfall der Kranken zugegen. Trotzdem schrieb er am 20. April 1880 ans bischöfliche Ordinariat nach Passau, vom Verdacht einer Simulation (Verstellung) könne sie nicht freigesprochen werden. Der Arzt schlug außerdem vor, sie ins Irrenhaus zu schicken.[3)]

Die Behauptung des Teufels, daß das Mädchen von drei bösen Geistern besessen sei, ist nicht ohne weiteres abzuweisen. Am Karfreitag des Jahres 1870, als der erste Anfall kam, scheint das achtjährige Mädchen vom ersten bösen Geist angefallen worden zu sein. Als Juliana etwa vierzehn Jahre alt war (1876), war es eines Tages mit dem Ordnen der Wäsche beschäftigt; da sah es plötzlich auf der Wäsche eine schwarze Katze sitzen, die auf sie lossprang und verschwand. Von dieser Zeit an wiederholten sich die dem Veitstanz ähnlichen Krämpfe häufiger und wurden immer heftiger. Nicht unbegründet scheint die Annahme, daß das Mädchen damals von einem zweiten bösen Geist in Besitz genommen worden ist. Und als Juliana achtzehn Jahre alt war (1880), schien der dritte böse Geist hinzugekommen zu sein. Als sie nämlich ganz allein zuhause war, erschien in der Stube ein sehr großer Mann mit schwarzem Gesicht und sehr großen, weit hervorstehenden Zähnen, der sie heftig anhauchte. Vor Schreck fiel sie um und blieb unter großem Geschrei in Krämpfen liegen, bis die Geschwister nach Hause kamen, die sie dann ins Bett legten.

Die Krämpfe des Mädchens dauerten von jener Zeit an oft zwölf Stunden lang, und ihr Geschrei war weit und breit zu hören und machte das Wohnen im Hause unerträglich. Als später auf dem Heiligen Berg in Pribram der Exorzismus an Juliana vorgenommen und der böse Geist im Namen Gottes aufgefordert wurde, seinen Namen zu nennen, wurden von ihm aus dem Munde des bewußtlosen Mädchens folgende genannt: Sarmon, Hono und Attila. Auffallend ist auch, daß beim Exorzismus auf dem Heiligen Berg auf die Fragen des Geistlichen in der Mehrzahl geantwortet wurde („wir", „uns"), während doch Juliana, wenn sie bei Bewußtsein war, niemals so sprach. Beim Exorzismus kamen aus dem Mund des Mädchens z.B. folgende Worte: „Der will uns hinausjagen!", „Dieser schwarze Drache will uns vertreiben!", „Gebt uns Ruhe!", „Wir brauchen kein Gebet!", „Vor uns müßt ihr niederknien!" oder „Das Mädchen gehört uns."

Zu Pfingsten des Jahres 1881 machten die Bewohner aus der Hohenauer Gegend wie alljährlich um diese Zeit **eine Wallfahrt auf den Heiligen Berg nach Pribram.** Sie gingen zu Fuß und kamen am 5. Juli dort an. Der Vater von Juliana machte damals auch die Wallfahrt mit und erzählte auf dem Heiligen Berg dem dortigen Rektor des Redemptoristenklosters, Klemens Blasak, wie unglücklich seine Tochter sei, und fragte, ob er sie auf den Heiligen Berg mitbringen dürfe. Der Rektor entgegnete: „Sie können mit ihr hierherkommen." Daher machte der Vater anfang Juli 1881 mit seinem Freund, dem Vorbeter Franz Moosbauer, Tischlermeister aus Kratzberg (Post Grafenau in Niederbayern), und der 19jährigen Tochter Juliana noch einmal die Reise auf den Heiligen Berg, wo sie am 11. Juli eintrafen. Je mehr sie sich dem Berg näherten, desto wütender wurde das Mädchen, d.h. der in ihr wohnende Teufel. Wiederholt versuchte dieser die Fenster des Eisenbahnzuges zu zertrümmern, in dem sie fuhren.

Als Juliana auf dem Heiligen Berg angelangt war, gab der Rektor den Klostergeistlichen den **Auftrag, den Exorzismus in Gegenwart des Vaters und seines Begleiters vorzunehmen.** Um den Segen Gottes auf diese Handlung herabzuflehen, haben auf Wunsch des Rektors mit Rücksicht auf die Worte Jesu bei Matthäus 17,20: „Diese Art aber wird nur durch Gebet und Fasten ausgetrieben" sämtliche Mönche zuvor streng gefastet. Die heilige Handlung wurde in der sogenannten Prager Kapelle vorgenommen, einer von den vier Kapellen, die sich außerhalb der Wallfahrtskirche in einem um diese führenden Rundgang befinden. Die Redemptoristenpatres lösten sich ununterbrochen ab, da der Exorzismus von sieben Uhr morgens bis gegen Mittag dauerte und fünf Tage, vom 11. bis 15. Juli, in Anspruch nahm. Erst am 15. Juli, an einem Freitag um drei Uhr nachmittags, wurde ihre Bemühung von Erfolg gekrönt.

Während des Exorzismus fiel das Mädchen in einen rätselhaften Schlaf und hatte die Augen beständig geschlossen. Dann aber fing es an, mit den Zähnen zu knirschen. Oft drehte es den Kopf um, sodaß das Gesicht hinten und der Hinterkopf mit dem Zopf vorn war. Links am Hals bildete sich eine Art Beule, die sich so schnell wie ein Blaseblag bewegte. Das Gebetbuch oder den Rosenkranz, den man dem Mädchen in die Hand gab, warf es zornig weg, ebenso das Skapulier. Dabei schien es doch, als ob es schliefe. Als ihm der Rosenkranz zum zweitenmal gereicht wurde, zerriß es ihn. Dem Rektor zerriß es sogar den Chorrock, **nur über die Stola hatte der böse Feind keine Gewalt.** Als ein Geistlicher Juliana eine Korallenschnur, die er vom Hals einer Muttergottesstatue genommen hatte, in die Hand gab, wurde diese vom Teufel nicht zerrissen, da sie nicht geweiht war. Auch als ihr ein nicht geweihtes Herz-Jesu-Bildchen gereicht wurde, blieb Juliana ruhig. Hierauf aber machte der Priester hinter dem Rücken des Mädchens ein Kreuzzeichen über das Bildchen, segnete es also, und reichte es ihr erneut; da zerknitterte es der böse Geist.

Das Gesicht des Mädchens bekam oft ein abscheuliches und wildes Aussehen; mitunter aber schien sie aufzuwachen und lächelte den Priester an, ein teuflisches Manöver, um den exorzierenden Priester irrezuführen und in Verwirrung zu bringen. Dieser aber ließ sich dadurch nicht beirren und exorzierte weiter. Dann rief der aus dem Mädchen sprechende Teufel dem Priester zu: „Treibt uns aus, wenn ihr so gut sein wollt!“ Hernach aber fing er an, gegen die anwesenden Geistlichen zu wüten und stieß gegen sie durch den Mund des Mädchens wiederholt ganz gemeine Schimpfworte und Verwünschungen aus. Er rief ihnen zu: „Ihr schwarzen Peiniger weichet! Ihr Betrüger, ihr Verführer, ihr Henker! Ihr verfluchten schwarzen Raben! Ihr verfluchten Schwätzer! Ihr verfluchten Pharisäer! Weichet, ich sage euch, weichet! Die gehört uns, sie ist unser! Sie ist ein Teufel. Weichet! Wir hassen euch wegen eurer Weihe.“ Diese und ähnliche Schimpfworte wiederholte er fast jedesmal, wenn er im Namen Gottes zu irgendeiner Antwort gezwungen wurde.

Auffallend war folgendes: Wenn ein Priester seine geweihten Finger oder seine Hand auf den Mund des fluchenden, schimpfenden, zischenden oder zähneknirschenden Mädchens legte, trat sogleich Ruhe ein und das Fluchen, Schimpfen, Zischen oder Zähneknirschen hörte augenblicklich auf. Versuchte es aber ein Frater des Klosters, der bekanntlich keine Priesterweihe und daher auch keine geweihten Finger hat, so half das nichts. Dies ist doch ein Beweis, welch große Kraft durch die Priesterweihe verliehen wird.

Als die Geistlichen den Lobgesang der Mutter Gottes, **das Magnifikat,** beteten, wütete der Teufel ganz besonders, namentlich bei den Worten: „Die Mächtigen stürzt er vom Throne und erhöht die Niedrigen“, die eine Anspielung auf den Fall der Engel zu sein scheinen. Als die Geistlichen den Rosenkranz beteten, schrie er bei den Worten „Der für uns Blut geschwitzt hat“: „Für uns hat er keines ge-

schwitzt!“ Bei den Worten „Der für uns gekreuzigt worden ist“ rief er: „Für uns aber nicht!“
Als der exorzierende Priester den Beginn des Evangeliums des hl. Johannes las und alle Anwesenden bei den Worten „Und das Wort ist Fleisch geworden“ niederknieten, schrie der Teufel aus dem Mädchen: „Vor uns müßt ihr niederknien!“ Als ein Geistlicher sagte: „Wir beugen die Knie nur vor dem Heiland“, kam die Antwort: „Den hassen wir.“ Nach einer Weile schrie der Teufel: „Ihr sollt die Knie vor mir beugen!“
Wenn der Geistliche Juliana mit Weihwasser besprengte, krümmte sie sich vor Schmerz. Und wenn ihr ein geweihter Gegenstand oder eine Reliquie nahegebracht wurde, verfinsterte sich ihr Gesicht und sie wandte es ab. Wurde aber ein ungeweihter Gegenstand in ihre Nähe gebracht, lächelte sie freudig. Am zweiten Tag nahm der exorzierende Priester eine Reliquie des hl. Ordensstifters Alphonsus mit und steckte sie in die Rocktasche. Als er in die Kapelle, wo der Exorzismus stattfand, eintrat, rief ihm der böse Geist sogleich zu: „Der bildet sich auf seine Reliquie viel ein!“
Anfänglich hielt der Teufel den anwesenden Priestern auch die eine oder andere Sünde vor, die sie begangen hatten und die das Mädchen nicht wissen konnte. Aus diesem Grunde legten dann alle Geistlichen die hl. Beichte ab, und von nun an warf er ihnen nichts mehr vor. Es scheint also, daß der Teufel die gebeichteten Sünden nicht wußte oder nicht mehr an ihnen erkannte.
Auf die Frage des Priesters. warum der böse Geist die Juliana in Besitz genommen habe, folgte die Antwort: **„Sie gehört uns wegen des Fluchs des Bräutigams.“** (Der Vater Franz Steiml hatte ja, als er noch nicht verheiratet, also erst Bräutigam war, wegen der vielen Vorwürfe seiner Eltern sein uneheliches Kind verflucht.) Zuweilen gab der Teufel auch ungefragt Antworten. Es schien so, als ob ein unsichtbares Wesen anwesend wäre und den Teufel zu einer Antwort veranlaßte. Dann schrie er: „Seit dreizehn Jahren“ oder „Seit siebzehn Jahren“ oder „Ich war ein König“ oder „Ein Kindsmord“, einmal: „Ich war ein Hofnarr; wegen Verleumdung bin ich verdammt.“
Auf die lateinische Frage des Priesters, wann er ausfahren werde, kam die Antwort: „Um drei Uhr, in der Gnadenkirche durch ihre

Gnade." Auf die Frage des Priesters: „Ist das wahr?" folgte die Antwort: **„Ja, ja, durch eure Gnadenkönigin muß ich fort."** Dann verlangte der Priester entsprechend der kirchlichen Vorschrift vom Teufel ein Zeichen, daß er wirklich ausfahren werde, und zwar sollte der Teufel die in der Nähe stehende brennende Kerze auslöschen. Darauf folgte die Antwort: „Das tu ich nicht!" Auf den neuerlichen strengen Befehl, die Kerze auszulöschen, neigte sich die Flamme der Kerze seitwärts, als ob jemand hineingeblasen hätte. Wahrscheinlich vermochte der Teufel die Kerze deshalb nicht auszulöschen, weil sie geweiht war. Es handelte sich nämlich um die Osterkerze.
Vor drei Uhr nachmittags mußten sich die Geistlichen aus der Kapelle entfernen, weil sie um diese Zeit der Ordensregel entsprechend das Sündenbekenntnis abzulegen hatten. Aus diesem Grund wurden nur Juliana, ihr Vater und dessen Begleiter Moosbauer vom Sakristan in die Gnadenkirche hineingelassen; das Kirchentor mußte von ihnen gleich geschlossen werden. Im Heiligtum knieten alle vor der ausgestellten Gnadenstatue der Muttergottes nieder und beteten den Rosenkranz und die lauretanische Litanei. Je mehr sich die dritte Stunde näherte, desto unruhiger und aufgeregter wurde Juliana. Schließlich bat sie, man möge sie aus der Kirche hinauslassen, da ihr sehr unwohl sei. Daraufhin gingen der Vater und Moosbauer mit ihr ins Freie. **Dort wurde sie heftig geschüttelt, sodaß sie zur Erde fiel und ohnmächtig liegen blieb.** Dieser Zustand erinnert an ähnliche Vorkommnisse bei Teufelsaustreibungen durch den Heiland, worüber Markus 1,26 und 9,25 berichtet: „Der unreine Geist schüttelte ihn heftig hin und her und fuhr mit lautem Geschrei aus. Und es schien, als ob der Besessene tot wäre."
Nach einer Weile konnte Juliana aufstehen und fühlte sich nun ganz verändert. Sie weinte vor Freude. Alle drei begaben sich jetzt ins Heiligtum zurück, um ein Dankgebet zu verrichten. Zum erstenmal seit vielen Jahren konnte sich Juliana dort wieder ruhig mit Weihwasser besprengen. Vater und Tochter legten nun zum Ausdruck ihres Dankes gegen Gott das Gelübde ab, im Verlauf der nächsten zehn Jahre jährlich auf den Heiligen Berg nach Pribram zu wallfahren. sie hielten ihr Versprechen und legten die Wallfahrt jedesmal zu Fuß zurück. 1891 waren sie zum letztenmal auf dem Heiligen Berg.

Wahrscheinlich hätte Juliana auch noch in späteren Jahren diese Wallfahrt gemacht, wenn ihr nicht ein schlimmer Unfall zugestoßen wäre. Sie half nämlich im Jahr 1892 beim Bau der schönen neuen St. Nikolaus-Pfarrkirche ihres Wohnorts mit, hatte aber das Mißgeschick, eines Tages dabei auszurutschen und sich den Fuß zu brechen. Neun Jahre lang lag sie nun krank darnieder und starb am 7. Mai 1901 an Wassersucht im Alter von nur 39 Jahren. Auf dem Friedhof in Zwiesel harrt sie der Auferstehung.

4. Teufelsaustreibung durch Bischof Laurent in der Stadt Luxemburg, 1842

In der Stadt Luxemburg befindet sich ein **Gnadenbild der Muttergottes, der Trösterin der Betrübten,** zu dem alljährlich im Mai zahlreiche Pilger, besonders aus dem benachbarten Elsaß und Lothringen, zusammenströmen. Unter diesen Wallfahrern befand sich im Mai 1842 auch das Mädchen **Marianna Katherina Pfefferkorn,** Weberstochter aus Biller in Deutsch-Lothringen, die allgemein als vom Teufel besessen galt.[4)]

Das genannte Mädchen stand seit seinem dreizehnten Lebensjahr in Dienst. Eines Tages, als es sich im Haus seines Dienstherrn allein befand, näherten sich mehrere große und unheimlich aussehende Männer der Wohnung. Das Mädchen, damals sechzehn Jahre alt, lief eiligst zur Tür und verriegelte sie. Darüber zürnten die fremden Männer und **stießen den Fluch aus: „Der Teufel soll dieses Mädchen holen!“** Kaum hatte das Mädchen diese Worte vernommen, als es ihm vorkam, als dringe ein Schwarm von Mücken in seine Nase und seinen Mund ein. Von dieser Zeit an trat eine Veränderung bei ihm ein: Man bemerkte, daß es einen starren Blick hatte und seine Gesichtszüge sich verzerrten. Einige Jahre später traten heftige Zuckungen auf, während der es fürchterlich heulte. Die Arbeitgeber schickten es deshalb nach Hause.

Dort entwickelte das Mädchen eine solche Körperkraft, daß sechs der stärksten Männer des Ortes es nicht zu bändigen vermochten.

Auch schlug es beständig gegen sich selbst los. Dabei sprach es lateinisch und sagte den Besuchern, die aus Neugierde zu ihm kamen, deren Sünden ins Gesicht. Die Zunge hing übermäßig lang zum Mund heraus und seine Augen boten einen schauderhaften Anblick. Sein Gesicht, das es unter hämischem Lächeln verzog, wurde zu einer Teufelsfratze. Ein Kruzifix, ein Muttergottesbild, ein Rosenkranz oder die Gegenwart eines Priesters versetzten es in Wut.
Man schaffte die Leidende in ein Krankenhaus nach Metz und dann ins Irrenhaus. **Dort erklärten die Ärzte, das Mädchen sei nicht geisteskrank, sondern leide an teuflischer Besessenheit.** Deshalb gab der Bischof von Metz zwei Jesuitenpatres den Auftrag, den Exorzismus vorzunehmen. Doch die Besessenheit wich nicht.
Zwei leibliche Schwestern der Unglücklichen führten sie nun im Mai 1842 nach Luxemburg, um vor dem Gnadenbild der Muttergottes, der Trösterin der Betrübten, Hilfe zu erbitten. Durch das Gebet vor diesem Gnadenbild wurde der böse Feind einigermaßen gebändigt, denn die teuflischen Plagen ließen nach; doch hörten sie nicht gänzlich auf. Die Schwestern führten daher die Besessene zum dortigen Bischof Laurent und baten ihn inständig, den Exorzismus vorzunehmen.

Bischof Laurent erzählt nun über das Weitere folgendes:

Kaum hatte ich mit den beiden Schwestern der Besessenen zu sprechen angefangen, erhob sich diese pfeilschnell, sprang gegen mich und zeigte mir ein Gesicht, das ich nur eine Sekunde gesehen habe und doch in meinem Leben nie vergessen werde, auch wenn ich tausend Jahre alt würde. Jede Erinnerung daran überzieht mich mit kaltem Schauder. **Ich sah dem leibhaftigen Teufel ins Angesicht.** Hierbei stieß das Mädchen ein Gebrüll aus, wogegen das eines Löwen lieblich zu nennen ist. Ich erhob meine Hand zum Kreuzzeichen wider den Teufel; dieses schmetterte ihn nieder, und die Arme wälzte sich zu meinen Füßen auf dem Fußboden unter gräßlichen Verrenkungen und Zuckungen und starrte mich von unten mit dem gleichen höllischen Antlitz an. Ich gestehe meine Schwachheit: Ich verlor die Fassung und eilte aus dem Zimmer, indem ich die Besessene mit ihren beiden Schwestern allein zurückließ. Als ich mich draußen ein wenig erholt hatte, rief ich meine zwei Kapläne und den Seminarprofessor Föhr und ging mit diesen ins Zimmer zurück, **wo ich fast zitternd den Exorzismus vornahm.**

Hierbei fuhr der Böse mit seinem Opfer aus einer Ecke des Zimmers in die andere. Die drei handfesten Geistlichen, welche die Besessene festzuhalten versuchten, wurden von dem schwachen Mädchen hin- und hergeschleudert. Ich setzte dem Teufel scharf zu, worauf das Mädchen endlich stehen blieb. Die Folge des Exorzismus waren furchtbare Zuckungen und gräßliches Heulen. Zwei Stunden lang blieb der Exorzismus ohne Ergebnis. Da begann ich die Litanei zur Muttergottes, und die Anrufung der Himmelskönigin wirkte sichtbar. Der Krampf der Arme und des ganzen Leibes ließ nach, **das Gesicht des Mädchens verklärte sich wie das eines weinenden Engels, und es trat Ruhe ein.** Das war am Dienstag.

Erst am Sonntag um fünf Uhr nachmittags wollte ich in der verschlossenen Kirche wieder ans Werk gehen, nachdem mich die beiden Schwestern während der Woche mehrmals flehentlich gebeten hatten, an der Befreiung weiterzuarbeiten; denn die ganze Woche lang litt die Besessene Tag und Nacht unter heftigen Krämpfen. Sie war härter geplagt als vorher; brennende und stechende Schmerzen wühlten in allen ihren Gliedern. Da ich aber um drei Uhr zur königlichen Tafel gerufen wurde, beauftragte ich drei meiner Geistlichen, unter Beistand von anderen Priestern und einigen frommen Männern und Frauen meine Stelle zu vertreten.

Als ich nach acht Uhr abends nach Hause gekommen war, erfuhr ich, daß die Geistlichen nichts ausgerichtet hatten. Schon von Ferne hörte ich das entsetzliche Geschrei der Besessenen, von den Gebeten der um Hilfe rufenden Priester unterbrochen. Ich erfuhr, daß der böse Geist zu Beginn des Exorzismus die Besessene von den Stufen des Altars über die Kommunionbank hinweg ins Kirchenschiff geschleudert hatte, sodaß ihr Fall auf den Steinen des Bodens widerhallte, doch ohne daß sie verletzt wurde. Man band die Besessene hierauf mit der Stola, und so gebunden hatte sich der böse Geist wie ein widerstrebender Hund zum Altar zurückschleppen lassen. Während der drei Stunden hatte er in allen Tiertönen gebrüllt und geschrien, am meisten in denen eines Wolfs und eines Raubvogels, dazwischen immer wieder schwätzend, bald in guter deutscher, bald

in guter französischer Sprache, die das Mädchen sonst nicht sprach, und mit einer rauhen, hohlen Stimme, die von der Stimme des Mädchens ganz veschieden war. Die Beschwörungen und Gebete hatten ihn schrecklich gepeinigt.
Als ich nun anfing zu exorzieren, wollte er mir meine Sünden vorwerfen. Ich gebot ihm aber, augenblicklich zu verstummen, was er auch mußte. Als er sich dann gegen mich aufbäumte, legte ich dem Mädchen die Stola aufs Haupt, und nun mußte er zähneknirschend stillstehen. Dann begann ich, die Trösterin der Betrübten anzurufen. Dabei wechselte der böse Geist zwischen jämmerlichem Geheul und dem Weinen eines kleinen Kindes. Von den verschiedenen Reden, die er vorbrachte, erwähne ich folgende: „Wer hat dich geschickt, mich zu quälen? Wohin soll ich denn? Ich muß noch lange genug in der Hölle verweilen, um dort immer und immer zu brennen... Du machst es mir heiß, ich werde es dir aber auch heiß machen, bevor ich weggehe!“ Endlich schrie er: „Ja, ja, ich werde gehen!“ Und auf meine Frage, wann, erwiderte er trotzig: „Nicht heute, nein!“ Nach vielen Beschwörungen sprach er: „Morgen um neun Uhr.“ (Der höllische Lügner hat aber sein Wort nicht gehalten.)
Er stieß schauerliche Gotteslästerungen aus; den Namen Gottes nannte er jedoch nie. Den gebenedeiten Heiland nannte er nur „den Juden“. Dann drohte er, er werde die Besessene in der Nacht schrecklich peinigen. Ich verbot es ihm strengstens, und obgleich er widersprach, mußte er doch gehorchen, zumal ich das Mädchen die Nacht mit der Stola zubringen ließ. Nachdem ich noch mehrmals versucht hatte, ihn noch am selben Tag zum Weichen zu bringen, sprach ich schließlich zu dem Mädchen: **„Maria Katharina, vade in pace!** Geh in Frieden!“ Da zog sich der Böse in ihr Inneres zurück; sie ließ die Hände fallen, und das engelgleiche Angesicht voll Frömmigkeit und Ergebung kam wieder zum Vorschein. Wir gingen dann ernst und schweigend nach Hause. Dieser Tag war mir einer der schrecklichsten meines Lebens; solch innere Trostlosigkeit, gleichsam Gottvergessenheit hatte ich noch nie in mir empfunden.

Am anderen Tag, Montag um sechs Uhr abends ging ich wieder mit meinen Geistlichen zur Kirche. Die Leidende saß ruhig da, aber in großer innerer Bewegung und Qual, am Eingang des Chores. Sobald

ich aber zu ihr gewendet sprach: „Tritt heran Gottloser, zum Altare Gottes, damit du beschämt und ausgetrieben werdest!“, fing das Heulen, Fletschen, Wüten, Toben und Zerren wieder an. Nicht die Kraft von sechs Priestern, sondern nur das Band der Stola konnte sie halten. Wir beteten die Litanei zu allen Heiligen. Beim **Namen des Erzengels Michael** bekannte er wie schon öfters: „Der ist's, der mich aus dem Himmel gejagt hat. Und ich bin ebenso Erzengel wie er!“ Dann begannen die Beschwörungen, die Gebete, die Evangelien, die Psalmen. Wo ich merkte, daß er mehr gequält wurde, da verweilte ich länger und wiederholte mit meinen Priestern die Worte. Er schrie: „Ich werde mit neuen Ketten angeschmiedet! Ich werde gebrannt!“ Seinen eigenen Namen mußte der Unheimliche auch sagen; er klang wie Erroro. Über die Zahl der bösen Geister sagte er, es seien anfangs zehn gewesen und wie die Mücken in das Mädchen hineingefahren.
Das Gloria Patri sprach die Leidende öfters mit ihrer Stimme mit. Ich befahl dem bösen Geist, das Gloria Patri mit seiner Stimme zu sagen. Da streckte er die Zunge heraus, fletschte die Zähne und stieß mit Füßen, jedoch ohne wehtun zu können. Weil er also Gott nicht mit Worten die gebührende Ehre geben wollte, sprach ich zu ihm, und zwar wie immer lateinisch, er solle es in Werken tun, sich auf die Erde hinstrecken und die Stirn in den Staub beugen. Augenblicklich gehorchte er. Ich hieß ihn vor dem Allerheiligsten niederknien; er sträubte sich, mußte aber gehorchen, doch stieß er dazwischen immer wieder Gotteslästerungen aus. Als ich den Namen des Allerhöchsten nannte, brummte er: „Mit dem habe ich nichts zu schaffen.“ Ich fragte: „Mit wem?“ Er antwortete: „Mit dem, mit dem du sagst!“ Jesum Christum nannte er wieder „diesen Juden“.
Dann schrie er: „Wenn das noch lange so dauert, muß ich marschieren. Wohin muß ich gehen?“ Ich antwortete: „In die Hölle, woher du gekommen bist!“ Er sprach: „Laß mich in eine andere Person fahren!“ Ich entgegnete: „In die Hölle!“ Ich glaube, daß er damals wieder das entsetzliche „Immer, immer!“ herausstöhnte. Ich betete dann den Engelsgesang „Sanctus, sanctus, sanctus“ über sie; da wurde er sehr wild, riß uns alle hin und her, konnte jedoch seinen Kopf nicht von der Stola losbringen. Wir wiederholten alle den Engelsgesang.

Der Abend nahte heran; ich beschwor den Satan, daß er während des Glockenzeichens, das zum Englischen Gruß gegeben wird, ausfahre. Dann fing ich an, den freudenreichen Rosenkranz zu beten. Die Leidende betete die ersten zwei Gesetzlein ziemlich ruhig mit, beim dritten aber begannen wieder die Krämpfe; ihr Beten wurde ein lautes Schreien. Da erwies mir die allerseligste Muttergottes die Gnade, mein Vertrauen zu beleben. Mit ausgestreckten Armen betete ich nun vor dem Tabernakel die drei weiteren Gesetzlein mit immer steigender Inbrunst, meine Priester ebenso mit auf das Gnadenbild gerichteten Augen. Mir kam es nun vor, als ob die Himmelskönigin herniederschwebte und einen gütigen, milden und süßen Blick auf unsere Versammlung würfe und uns zuwinkte. Nachdem ich die letzten Ave Maria gebetet hatte, befahl ich dem Küster, hinauf zum Glockenturm zu gehen und zum Englischen Gruß zu läuten; es war halb neun Uhr.
Nun trat eine feierliche Stille ein. Ich gab dem bösen Geist den Befehl, während des Läutens der Glocke, das beim Englischen Gruß zu Ehren der Gottesmutter geschehe, auszufahren in die Hölle, ohne Lärm, ohne Schaden anzurichten und ohne irgendeine Spur zu hinterlassen. Ich rief der Leidenden zu: „Maria, knien Sie jetzt nieder!" und legte ihr die Stola aufs Haupt. Sobald der Glockenklang ertönte, beteten wir alle zusammen den dreifachen Gruß mit dem dazugehörigen Schlußgebet. Dann hielt ich einen Augenblick inne und fragte mit klopfendem Herzen: **„Marianna Katharina, glauben Sie jetzt, durch die Fürbitte der Mutter Gottes befreit zu sein?" Sie entgegnete: „Ja, Herr Bischof!"** Als ich ihr verklärtes, friedliches Gesicht betrachtete, sagte mir eine innere Stimme, daß sie jetzt erlöst sei. Mit lautem Weinen stimmte ich nun das „Te deum laudamus" an, und meine Priester stimmten in das Gebet ein.

Was lehrt uns dieser Fall?

Wir sollen nicht fluchen und verwünschen.
Insbesondere sollen nie Eltern einen Fluch gegen ihre Kinder aussprechen; sie sollen vielmehr für sie beten. **Sowohl der Fluch als auch das Gebet der Eltern hat eine große Kraft.** In der Hl. Schrift

heißt es: „Der Segen des Vaters befestigt die Häuser der Kinder, aber der Mutter Fluch zerstört sie von Grund auf" (Sirach 3,11).

Zum Beweis dieser Wahrheit sei hier eine auffallende Begebenheit erwähnt:

Am 10. Januar 1928 starb zu **Chortkow in Polen** im Haus des dortigen Rabbiners der **Kaufmann Frommer,** der seit zweiunddreißig Jahren kein Wort mehr gesprochen hatte. Dieser Mann hatte nämlich im Jahr 1896 seine Frau nach einem Streit mit ihr verflucht und ihr gewünscht, sie solle bei lebendigem Leibe verbrennen. Tags darauf ereignete sich im Magazin des Kaufmanns eine Explosion, bei der die Frau und zwei Kinder des Kaufmanns verbrannten. In seiner Verzweiflung eilte der Jude Frommer zum Rabbiner und fragte ihn, was er tun solle. Dieser riet ihm, von nun an wenig zu sprechen. Frommer aber sprach zur Buße bis zu seinem Lebensende kein Wort mehr.

5. Welche Erscheinungen finden sich gewöhnlich bei Besessenen?

Wie wir aus den soeben erzählten Berichten über die Besessenen erfahren haben, kommt folgendes gewöhnlich vor:
Nachdem der Besessene durch den Exorzismus geheilt worden ist, besitzt der Geheilte folgende Eigenschaften nicht mehr: die Kenntnis fremder Sprachen, das Wissen verborgener oder zukünftiger Dinge, die Riesenkraft, das Erheben in die Luft ohne menschliche Nachhilfe. Auch erschrickt der Geheilte nicht mehr vor dem Weihwasser, dem Priestersegen, vor geweihten Gegenständen und hl. Reliquien. Das alles ist der beste Beweis, daß ihn die geheime Macht verlassen hat.

Das Rituale Romanum gibt folgende Anzeichen an, aus denen teuflische Besessenheit erkennbar ist: **Wenn die betreffende Person in einer ihr unbekansnten Sprache redet oder diese versteht; wenn sie entfernte oder geheime Dinge zu offenbaren imstande ist; wenn sie über ihr Alter hinausgehende oder übermenschliche Kräfte entwickelt.**

Erfahrungsgemäß ist es in manchen Fällen sehr schwierig, die teuflische Besessenheit festzustellen. Zahn behauptet in seiner „Einführung in die christliche Mystik“ §36, S.440, es sei bei mystischen Phänomenen schon vorgekommen, daß ganze Kommissionen falsch entschieden haben. Deswegen ermahnt auch das Rituale Romanum, man solle nicht leicht jemanden für besessen halten und die Anzeichen beachten, aus denen ersichtlich ist, daß nicht etwa eine leibliche Krankheit, sondern tatsächlich Besessenheit vorliegt. Zuweilen sind eben nur hysterische oder epileptische Anfälle vorhanden.

Hysterisch?

Für die Vertreter der religionsfeindlichen Wissenschaft sind derartige Vorkommnisse, wie sie sich bei den Besessenen zugetragen haben und in dieser Schrift erzählt werden, eine schwere Belastung. In ihrer Ratlosigkeit helfen sich manche mit der Behauptung, jene Personen, die wir „vom Teufel besessen“ nennen, seien hysterisch gewesen. Man hält sich an den Satz: „Was wir nicht glauben, das kann es nicht geben.“ – Hier nun die Antworten auf diese willkürliche Behauptung:

1. Die vom Teufel besessenen Personen, denen durchweg Sprachenkenntnisse fehlten, gaben oft auf lateinische Fragen oder Fragen in einer anderen Fremdsprache tadellose Antworten in der ihnen unbekannten Sprache. Erlangen vielleicht hysterische Personen plötzlich Sprachkenntnisse? Das wird doch niemand glauben wollen.
2. Jene Personen, die nach unserem Urteil vom Teufel besessen waren, wurden, wenn sie lärmten und wüteten, oft durch Besprengung mit Weihwasser oder durch Auflegung oder Berührung der geweihten Hand eines Priesters augenblicklich auf einige Zeit zur Ruhe gebracht. Sind hysterische Personen wirklich für das Weihwasser und die geweihten Priesterhände so empfänglich?
3. Die vom Teufel besessenen Personen klagten und jammerten, daß sie das Weihwasser brenne und ihnen Schmerz bereite. Es ist kaum glaublich, daß Weihwasser hysterische Personen brennen sollte.

4. Die vom Teufel besessenen Personen haben übermenschliche Kraft entfaltet, sodaß viele starke Männer sie nicht zu bändigen vermochten. Seit wann sind hysterische Personen so stark?
5. Manche vom Teufel besessenen Personen, wie z.B. Germana zu St. Michael in Natal, erhoben sich aus freien Stücken meterhoch in die Luft. Daß sich hysterische Personen frei in die Luft erheben könnten, hat man noch nicht gehört.
6. Die vom Teufel Besessenen sagten Personen ihrer Umgebung deren geheime Sünden mit allen näheren Umständen, die sie doch nicht wissen konnten. Das hatte gewöhnlich zur Folge, daß diese Personen ihre Sünden alsbald einem Priester beichteten und sich so davon befreiten. Daß hysterische Personen unbekannte Geheimnisse ihrer Mitmenschen wissen sollten, ist sehr zu bezweifeln.
7. Die vom Teufel besessenen Personen wurden durch den an ihnen vorgenommenen feierlichen Exorzismus geheilt. Daß die Teufelsbeschwörung die Hysterie heilen sollte, ist ganz ausgeschlossen, zumal hysterischen Personen nur durch jahrelange ärztliche Bemühung geholfen werden kann.

Es bleibt also nichts übrig als einzugestehen, **daß ein geistiges Wesen, ein Dämon, jene unglücklichen Menschen beeinflußt und in seiner Gewalt hat.** Mit dem Hinweis auf Hysterie haben also die religionsfeindlichen Wissenschaftler kein Glück.

Wieder andere, die auch die Augen vor der Wahrheit verschließen, wagen zu behaupten, die außergewöhnlichen Erscheinungen im Leben jener Besessenen seien die Folge der Tobsucht. Die Antwort auf diese unwissenschaftliche Behauptung entspricht im wesentlichen der bereits in Nr. 1 bis 7 gegebenen, nur wäre statt „hysterisch“ das Wort „tobsüchtig“ einzusetzen. Ähnlich antwortet man auch, wenn jemand die Besessenheit für Epilepsie, also für eine Nervenkrankheit hält. Wer Besessenheit ohne Teufel erklären will, gleicht einem, der Epilepsie oder Fallsucht mit Betrunkenheit verwechselt.

Hier noch ein konkreter Fall: Dr. Hoppe, ein protestantischer Physiologe, hat die unerklärlichen Vorkommnisse bei den beiden Kindern in Illfurt auf ein krankes Gehirn zurückgeführt, auf hysterisch-choreatische Verwirrtheit (!) der beiden Knaben und nicht auf Teufelswerk. Diesem gelehrten Herrn wäre zu antworten: Das ist eine überaus schwache, unwissenschaftliche Argumentation. Was muß das für eine Gehirnkrankheit sein, daß Kinder fremde, nie gelernte Sprachen mit Geläufigkeit sprechen, daß sie die Gewissen anderer Menschen aufdecken und ihnen ihre geheimsten Fehler vorhalten, daß sie von wissenschaftlichen Sachen reden, wie Sachverständige es nicht besser könnten, daß sie zukünftige Dinge voraussagen, die sich dann mit Genauigkeit erfüllen, oder Kräfte entwickeln, die weit über Kinderkräfte gehen? Was muß das für eine auffallende Gedächtnisanlage sein, wenn Kinder, die anno 1855 oder 1857 geboren sind, sich noch aller Einzelheiten erinnern, die sich 1639 im Schwedenkrieg oder 1794 in der großen Revolution in einzelnen Familien in Illfurt zugetragen haben! Solche Phänomene mit hysterisch-choreatischer Verwirrung zu erklären, zeigt nur, zu welchen Ungereimtheiten ein Gelehrter seine Zuflucht nehmen muß, wenn er das Übernatürliche um jeden Preis verwerfen will.

Näheres über Besessenheit

1. Wenn der Teufel den Leib eines Menschen bewohnt und ihn als Werkzeug gebraucht, so nennen wir einen solchen Menschen „vom Teufel besessen“.

Die hl. Evangelisten berichten von vielen Besessenen, aus denen Christus die Teufel ausgetrieben hat; sie sagen ausdrücklich, daß jene Personen „von bösen Geistern besessen“ waren (Mk 8,28; Lk 8,27). Der hl. Evangelist Markus gebraucht von einem Besessenen den Ausdruck: „Ein Mensch, der einen unreinen Geist hatte“ (Mk 1,23). Wenn der Teufel einen Menschen in Besitz nimmt, so sind in ihm zwei Persönlichkeiten, die eigene und die teuflische. Scheeben sagt, **daß der Satan durch die Besessenheit die Menschwerdung des Gottessohnes nachäffe** (Dogmatik II, S.681). Allerdings sind in Christus keine zwei Personen; denn er ist nur eine Person mit zwei Naturen, der göttlichen und der menschlichen.

Der Teufel gleicht, wie der hl. Augustin sagt, einem Kettenhund. Dieser kann nur soweit gehen, wie seine Kette reicht (Paul von Moll). Er kann also niemanden beißen, der ihm nicht nahekommt. Allerdings kann Gott diesem Kettenhund die Ketten lockern, und er hat es auch hie und da getan, indem er ihm erlaubt hat, irgend einen Menschen wie ein Werkzeug zu gebrauchen (die teuflische Besessenheit) oder einen Menschen auf außergewöhnliche Weise zu belästigen und zu plagen (die sog. teuflische Umsessenheit). Die zweite hat Gott oft im Leben seiner Heiligen zugelassen, um sie immer mehr zu demütigen und von Fehlern zu reinigen. **Während nun bei der Besessenheit der Teufel einem Feinde gleicht, der bereits in die Festung eingedrungen ist, gleicht er im Falle der Umsessenheit nur einem, der die Festung belagert.**

Über manche Menschen gibt Gott dem Teufel besondere Gewalt. Gott läßt nämlich einzelne nach großer Vollkommenheit strebende Menschen, die er sehr begnadigen will, lange Zeit hindurch vom Teufel auf eine außerordentliche Weise plagen, um sie von Unvollkommenheiten gründlich zu reinigen und zu demütigen. Gott will, daß die Kraft in der Schwachheit vollkommen werde (2. Kor 12,9). So kam es, daß viele Heiligen mehrere Jahre hindurch von vielen Teufeln beständig umlagert und auf ungewöhnliche Weise, also nicht nur durch gewöhnliche Versuchung geplagt wurden, z.B. durch Erscheinungen der Teufel in abscheulichen Gestalten (meistens als wilde Tiere), durch Lärm, Schläge und schändliche Reden. Am schrecklichsten aber waren die Versuchungen gegen die drei göttlichen und die sittlichen Tugenden. Über die Seelenkräfte aber hatte der Teufel keine andere Gewalt, als daß er sie durch Einwirkung auf die Phantasie verwirren konnte. Diese Umlagerung durch die Teufel heißt Umsessenheit.

Job war lange von den Teufeln umlagert, ebenso der Welterlöser in der Wüste (Mt 4,8). Je größere Qualen diese Personen zu erleiden hatten, desto größer war auch der außerordentliche Beistand Gottes; sie hatten in dieser Prüfungszeit besondere Offenbarungen, Erscheinungen von Engeln und Heiligen und dergleichen. Weil aber in diesen Sachen viel Betrug unterlaufen ist, geht die Kirche hier sehr vorsichtig, ja fast mißtrauisch zu Werke. Wer diese Dinge, von denen uns die Lebensgeschichten der Heiligen und das Brevier erzählen, für unmöglich hält oder belächelt, ist in geistigen Dingen sehr unerfahren.

2. Der Teufel gebraucht die leiblichen Glieder des Besessenen nach seinem Gutdünken.

Oft schreit der böse Geist durch ihn fürchterlich (Mk 1,24). Zuweilen schüttelt er ihn hin und her (Mk 1,26; 9,19). Der Besessene schäumt und knirscht mit den Zähnen (Mk 9,17). Der Teufel wirft ihn sogar ins Feuer oder ins Wasser (Mk 19,21) oder macht ihn krumm. Christus hat eine Frau geheilt, die achtzehn Jahre lang infolge teuflischer Plage zur Erde gebückt gehen mußte und nicht aufschauen konnte (Lk 13,16). Der Teufel macht manchen Besessenen wütend und bedroht durch ihn die Menschen, sodaß diese dem Besessenen ausweichen (Mt 8,28).

3. Der Teufel beraubt gewöhnlich die Besessenen des freien Gebrauchs der Sinne und verursacht ihnen Schmerzen.

Er beraubt sie z.B. des Gesichtssinnes oder des Gehörs oder auch der Sprache. Daher waren manche Besessene stumm oder taub (Mk 9,14; Mt 9,32) oder blind und stumm (Mt 12,22). Weil der Satan den Menschen, den er in seinem Besitz hat, am freien Gebrauch der Sinne und der Sprache hindert[5], nennt Christus den Besessenen „vom Teufel gefesselt" (Lk 13,16). Der Teufel verursacht seinen Opfern auch Krämpfe, sodaß diese zur Erde niederfallen und sich vor Schmerz winden (Mk 9,19).

Es kommt auch vor, daß der Teufel den Besessenen am Essen hindert. Der schwäbische Dichter und Oberamtsarzt **Justinus Kerner** (1786-1862) zu Weinsberg erzählt in seiner Schrift „Geschichte Besessener neuerer Zeit" (1834 Stuttgart) folgenden Vorfall: Eines Tages kam eine Bauernfrau, die besessen war, zu ihm. Diese hatte stets ein tadelloses Leben geführt und war auch fromm. Seit August 1830 bekam sie plötzlich Krämpfe, und als sie bewußtlos lag, meldete sich in ihr eine fremde Stimme, stieß Flüche und Verwünschungen gegen Gott und alles Heilige aus, bellte oft wie ein Hund, miaute wie eine Katze, pfiff auch und lachte zuweilen. Auch tobte die Besessene und schlug heftig um sich. Alle Arzneien, welche die Frau fünf Monate hindurch einnahm, halfen nichts. Der böse Geist, der in ihr war, gestattete ihr nie, daß sie etwas anderes esse als Wassersuppe und schwarzes Brot. Aß sie etwas anderes, dann schrie er aus ihr: „Luder, du sollst nicht Gutes essen!“ und drehte ihr mit Gewalt den Löffel um, sodaß die Speise herabfiel. Die Frau konnte oft tagelang überhaupt keine Speise zu sich nehmen, sodaß sie zu einem Gerippe abmagerte.

4. Infolge der Qualen, die der Teufel den Besessenen verursacht, entstehen in diesen oft Krankheiten.

Sind solche Krankheiten noch nicht alt und hat der Organismus noch wenig Schaden gelitten, so sind die betreffenden Krankheiten durch den Exorzismus heilbar. Ist aber eine Krankheit infolge langjähriger teuflischer Plagen schon zu weit fortgeschritten und dadurch zu einer natürlichen Krankheit geworden, erweist sie sich oft als unheilbar; zumindest dauert die Heilung nach dem Exorzismus noch lange Zeit.

Daß Krankheiten auch teuflischen Ursprungs sein und durch Vertreibung des Teufels behoben werden können, ersieht man aus folgendem Vorkommnis, das P. Cyrillus Wehrmeister O.S.B. in seinem Buch „Benedicite“ (1927, Missionsverlag St. Ottilien, Oberbayern, 59 Seiten) auf Seite 38 berichtet: „Vor etwa zehn Jahren kam der Knecht meines Nachbarn, ein kräftig und gesund aussehender Mensch, zu mir, um sich zu verabschieden. Er sagte: ‘Ich bin von meinem Hausherrn entlassen.’ Nach dem Grund der Dienstentlassung befragt, sagte er, er sei eben von seinem Herrn unter den Pferden liegend gefunden worden. Er habe nämlich das hinfallende Weh (d.h. Epilepsie), das er bisher habe verbergen können. An jenem Tage sei er vom Anfall überrascht worden zur Zeit, als er die Pferde fütterte. Während er nun bewußtlos unter diesen zappelte, sei sein Dienstherr dazugekommen, habe ihn hervorgezogen und entlassen, sobald er zum Bewußtsein gekommen sei. Der Dienstherr fügte hinzu: ‘Es wundert mich sehr, wie ein Mensch von solcher Körperkraft das hinfallende Weh bekommen kann.’ Ich (Wehrmeister) befragte ihn nun über die Dauer des Leidens. Da erzählte er: ‘Gerade vor zwei Jahren, als ich auf dem Felde Heu zusammenschob, umgab meinen Kopf ein plötzliches Sausen, und ich fiel zu Boden. Doch hatte ich nur auf ein paar Augenblicke das Bewußtsein verloren und konnte alsbald wieder aufstehen und weiterarbeiten. Aber seitdem bekomme ich alle vierzehn Tage einen Anfall, und von Woche zu Woche nehmen diese Anfälle an Dauer und Heftigkeit zu.' Ich ließ ihn nun am Betstuhl niederknien und sprach unter Reliquienauflegung einen Probeexorzismus. Währenddessen wäre er zu Boden gesunken, wenn ich ihn nicht gehalten hätte. Ich nahm unverzüglich die römische Krankenbenediktion vor, die sich so wirksam erwies, daß der Mann, bevor sie noch zu Ende war, aufstand mit den Worten: 'Ich bin gesund; ich fühle es.' Er war in der Tat gesund und heiratete schon nach vier Monaten."

* * *

Daß Krankheiten vom bösen Geist herrühren können, zeigte sich deutlich auch im Leben des Priesters **Johann Josef Gassner.** Dieser stammte aus Vorarlberg, wurde 1750 Priester und wirkte in Tiroler Seelsorgen bis 1775. Er wurde von verschiedenen Krankheiten befallen: von Schwindel, Kopf-, Magen- und Brustschmerzen. Die Ärzte in Innsbruck konnten ihm nicht helfen. Es fiel ihm bald auf, daß sich jene Krankheiten immer und mit großer Heftigkeit vor geistlichen Verrichtungen wie Predigen, Beichthören, Darbringung der hl. Messe und an hohen Festtagen einzustellen pflegten. Deswegen kam er auf den Gedanken, diese Krankheiten könnten vom bösen Feind herrühren.

Eines Tages versuchte er folgendes Mittel gegen die Krankheit: **Er befahl dem Satan im Namen Jesu, zu weichen.** Anfangs hatte er mit diesem Befehl keinen Erfolg, doch er erneuerte ihn immer wieder. Und siehe, plötzlich verschwand sein Leiden vollständig! Nun wandte er das gleiche Mittel auch bei seinen Pfarrkindern an und sehr oft mit gutem Erfolg. Bald kamen zu ihm nach Klösterle viele Kranke aus Tirol, Bayern und der Schweiz. Manchen Tag fanden sich drei- bis vierhundert Personen ein, von denen jederzeit viele gesund nach Hause zurückkehrten.

Den Ungläubigen jener Zeit kamen die wunderbaren Heilungen Gassners sehr ungelegen und sie suchten bei der kirchlichen Behörde ein Verbot durchzusetzen. Da sie beim Regensburger Bischof nichts ausrichteten, wandten sie sich nach Rom, hatten aber auch dort kein Glück. Papst Pius VI. lobte sogar den Gebrauch der kirchlichen Gnadenmittel bei Krankheiten, nur wünschte er, daß der Zulauf eingedämmt werde. Gassner reiste daher nicht mehr weiter herum und ließ sich als Seelsorger in Pondorf an der Donau nieder, wo er seine Tätigkeit in der Stille fortsetzte.

Bei seinen Heilungen pflegte er sich niederzsetzen, nahm ein Kruzifix in die Hand und berührte mit seiner Stola den Kranken, der vor ihm kniete. Seinen Befehl an den bösen Geist wiederholte er bis zu zehnmal, zuweilen auch noch am nächsten Tag, wenn anfänglich keine Wirkung zu erzielen war. Viele Kranke schickte er dann weg mit der Bemerkung, daß das Übel natürlich oder daß nicht genügend Vertrauen vorhanden sei.

5. Der Besessene ist für die unfreiwilligen Handlungen, die der Teufel durch ihn verrichtet, nicht verantwortlich.

Wenn der teuflischen Anfall vorüber ist und der Besessene wieder zu sich kommt, weiß dieser oft nichts von dem, was vorgefallen ist; ihm scheint es, als ob er aus dem Schlaf erwache. Die durch ihn vollbrachten Handlungen waren also nicht freiwillig. – Wenn in den Zeiten der Christenverfolgung ein Christ mit Gewalt zu einem Götzenbild geschleppt und ihm dort Weihrauch in die Hand gedrückt wurde, so hat er trotzdem nicht durch Götzendienst gesündigt, weil ja seine Handlung unfreiwillig geschehen ist. Wenn also jemand wider meinen Willen meine Hand ergreifen und damit eine sündhafte Handlung ausführen würde, so wäre ich dafür auch nicht verantwortlich. Ähnlich verhält es sich mit einem Menschen, den der böse Feind als Werkzeug gebraucht.

Deswegen können die Besessenen, wenn sie lichte Augenblicke haben, die hl. Sakramente empfangen. Ja, sie sollen sie oft empfangen, um die Gewalt des bösen Feindes zu schwächen.

6. Was der Teufel aus den Besessenen spricht, ist nicht immer wahr.

Der Teufel ist, wie Christus sagt, **„ein Lügner und der Vater der Lüge“** (Joh 8,44). Daher kann man ihm auch dann nicht trauen, wenn er im Namen Gottes zu einer Antwort genötigt ist. – Auf Visionen kann man sich auch sonst nicht verlassen.

7. Besessen können sowohl Männer als auch Frauen sein, sogar Kinder, ja selbst Tiere.

Schon zur Zeit Christi gab es besessene Männer (Mt 8,28), Frauen (Mk 728) und Kinder (Lk 9,38). Einmal erlaubte sogar Christus bösen Geisern, die er austrieb, in eine Schweineherde zu fahren, die sich danach in den See Genezareth stürzte (Mt 8,30; Mk 5,13). Wie die ehrwürdige Katharina Emmerick berichtet, hat Christus das zugelassen, weil die dortigen Bewohner Schweine hielten, um die Juden, die kein Schweinefleisch essen dürfen, zu ärgern und zu verhöhnen.

8. Die Besessenheit ist nicht immer die Folge eines lasterhaften Lebens, denn der Besessene kann auch unschuldig sein.

Das Mädchen **Juliana Steiml** war ganz unschuldig, sogar ein sehr braves Kind. Sein Vater hat durch seine Verwünschung das Unglück verschuldet und es dem Teufel ausgeliefert. Der Vater war dann durch die Besessenheit seiner Tochter arg gestraft, denn er litt dadurch viel Ungemach und büßte sein ganzes Vermögen ein. Das unschuldige Kind war nur zu bedauern.
Daß nicht jede Heimsuchung die Folge einer persönlichen Sünde sein muß, ergibt sich aus einer Antwort, die Christus auf die Frage gegeben hat, ob der Blindgeborene wegen seiner oder seiner Eltern Sünden blind geworden sei. Christus hat bekanntlich geantwortet: „Weder er hat gesündigt noch seine Eltern, sondern die Werke Gottes sollen an ihm offenbar werden“ (Joh 9,3).

Wie P. Cyrillus Wehrmeister O.S.B. sagt, können auch **die Ortsverhältnisse** schuld sein. Er schreibt: „Es ist einfach ein großes Unglück, wenn ein Haus auf einem Platz erbaut wird, wo in früherer Zeit ein Verbrechen verübt worden ist. Noch schlimmer ist es, wenn das Verbrechen nicht an den Tag gekommen und folglich nicht bestraft worden ist. Solche Stätten bleiben jahrhundertelang die Tummelplätze böser Geister. Wird zufälligerweise ein Haus auf einem solchen Platz erbaut, so kann es vorkommen, daß dessen Bewohner manches zu leiden haben. Dasselbe gilt von schon erbauten Häusern, wenn darin grobe Sünden und Laster ... vollzogen worden sind. Ein viel späterer Besitzer kann möglicherweise noch die Folgen davon zu spüren bekommen, auch wenn er völlig unschuldig ist. Es ist übrigens selbstverständlich, daß nicht jede grobe Freveltat eine dämonische Plage nach sich zieht, wie auch nicht jeder Blitz einschlägt und zündet."

Betreffs der Kinder schreibt Wehrmeister: „Die Erfahrung lehrt, daß die Infestationen der Kinder zu den häufigsten gehören. Darum enthalten alle alten Diözesan-Benediktionen einen 'exorcismus parvulorum a daemone infestatorum' (Exorzismus für vom Teufel besessene Kinder), das römische Benediktionale dagegen eine ebenso wirksame, in diesem Fall anzuwendende 'benedictio puerorum aegrotantium'(Segnung kranker Knaben)."

9. Daß jemand vom Teufel besessen ist, kann man daraus erkennen:

a) Daß er gegen geweihte Sachen, namentlich gegen das **Weihwasser,** große Abneigung zeigt und damit nicht in Berührung kommen will.

b) Daß ihm der **Priestersegen** Schrecken verursacht.

c) Daß er Fragen **in fremden Sprachen,** die er nie gelernt hat, fehlerfrei beantworten kann.

d) Daß er **Verborgenes oder Zukünftiges** weiß, vor allem in boshafter Weise den Anwesenden ihre Sünden vorhält.

e) Daß er **übermenschliche Kräfte** zeigt.

f) Daß er sich von selbst mit Leichtigkeit **in die Luft erhebt.**

Die Phänomene von c) bis f) können auch bei Heiligen vorkommen!

10. Es können auch mehrere böse Geister den Menschen gleichzeitig in Besitz nehmen.

Im Evangelium wird von einer ganzen Legion von Geistern gesprochen, die in einem Besessenen wohnten (Mk 5,9). (Modern gesprochen ist das etwa eine Division.) Es ist auch auffallend, daß aus manchen Besessenen beim Sprechen verschiedene Stimmen zu hören waren.

11. Auch verdammte Seelen verstorbener Menschen können Besessenheit verursachen.

Einen interessanten Fall dieser Art erzählt der protestantische Arzt und Dichter **Justinus Kerner** (†1862) zu Weinsberg aus seiner eigenen Erfahrung in seiner Schrift „Nachrichten" (Stuttgart 1836): Im Herbst 1835 wurde zu ihm ein siebenunddreißig Jahre alter reicher Bauer gebracht, der bis zu seinem dreißigsten Lebensjahr ein sehr braver, stiller, nüchterner und arbeitsamer Mann war. In seinem einunddreißgsten Lebensjahr bekam er heftige Schmerzen im Bauch, der sehr anschwoll; auch wurde er auf einmal ungemein streitsüchtig und begann entsetzlich zu trinken. Dieser Zustand dauerte immer einige Wochen, auch Monate; dann nahm der Mann wieder seinen alten friedlichen und bescheidenen Charakter an. Wenn man ihm dann erzählte, was er getrieben hatte, wurde er ganz unglücklich und konnte es kaum glauben, denn er wußte nichts davon. Im sechsten Jahr dieses unglücklichen Zustandes spuckte er eines Tages seiner Frau ins Gesicht, und dabei sprach eine fremde Stimme aus ihm, an der die Frau die des vor sieben Jahren verstorbenen stolzen, zänkischen und trunksüchtigen Schultheißen erkannte: „Weißt du auch, wer das getan hat?" Die Frau antwortete: „Leider du!" Da schrie dieselbe Stimme: „Du Sau! Weißt du denn nicht, daß ich schon sechs Jahre lang in diesem Esel bin? Ich bin der Schultheiß und werde euch Ochsen alle zu Paaren treiben!" Hierauf fiel der Bauer unter heftigen Krämpfen zu Boden.

12. Gegen Besessenheit helfen keine Arzneien.

Auch ohne die von der Kirche zusammengestellten Exorzismusgebete sind Besessene schon manchmal geheilt worden, oft selbst von Laien. **Christus hat nämlich auch den Gläubigen die Macht gegeben, durch Anrufung des Namens Jesu die Teufel auszutreiben,** denn er sagt: „Es werden denen, die glauben, diese Wunder fol-

gen: In meinem Namen werden sie Teufel austreiben...“ (Mk 16,17). Von dieser Vollmacht haben die Menschen der ersten Jahrhunderte oft Gebrauch gemacht, wie die christlichen Apologeten in ihren Verteidigungsschriften mitteilen, z.B. Tertullian (+240) in seiner Apologie (cap.23).
In jüngerer Zeit hat der fromme Bauer Nikolaus Wolf von Rippertschwand in der Schweiz (+1832), Bürgermeister und Abgeordneter, sehr viele Krankheiten, von denen manche von bösen Geistern herzurühren schienen, durch Anrufung des heiligsten Namens Jesu plötzlich geheilt. Er heilte namentlich solche Kranke, die von den Ärzten bereits aufgegeben waren. Da die kirchliche Behörde gegen ihn angerufen wurde, erklärte schließlich im Jahr 1816 der Generalvikar Göldlin von Konstanz nach gründlicher Untersuchung des Tatbestandes in einer Zuschrift an Nikolaus Wolf, daß ihm „die Erlaubnis benedicendi und exorcisandi (d.i. zu segnen und den bösen Geist zu vertreiben) und nach seiner Gewohnheit dabei zu belehren, erteilt wird“.
Nikolaus Wolf erlangte auch bei seinen eigenen leiblichen Gebrechen wiederholt plötzliche Heilung durch andächtige Anrufung des Namens Jesus. Einige Jahre hindurch hatte er ein schweres, mit heftigem Herzklopfen verbundenes Magenleiden, sodaß er fast gar keine Speise mehr vertragen konnte. Alle ärztliche Hilfe, die er ein ganzes Jahr in Anspruch genommen hatte, erwies sich als vergeblich. Eines Abends im Jahr 1803 kam ihm der Gedanke, gegen die Krankheit vertrauensvoll den heiligsten Namen Jesus anzurufen. Er tat es und siehe, augenblicklich verspürte er Linderung, und von dieser Zeit an war aller Schmerz vorüber.
Das Jahr darauf bekam er heftige Fußschmerzen, derentwegen er einmal als Ratsherr hinkend den Saal verlassen und nach Hause gehen mußte. Da er aber einen Weg von zwei Stunden zurückzulegen hatte, rief er in dieser Not wieder mit großem Vertrauen den Namen Jesus an, und wieder wich das Übel mit allen Begleiterscheinungen. Seit dieser Zeit wandte er jene Methode auch bei anderen Kranken an und mit großem Erfolg. Als ihm jemand sagte, man solle nicht gleich den Heiland zu Hilfe rufen, sondern sich zuerst an den Arzt wenden, sonst hieße es, Gott versuchen, entgegnete Wolf: „Wo steht

denn im Evangelium geschrieben, daß man erst zum Heiland seine Zuflucht nehmen und den Namen Jesus erst dann verherrlichen darf, wenn keine Rettung mehr zu hoffen ist?“

In den Missionsländern kommt es vor, daß besessene Heiden bei der Taufe vollkommen von der Besessenheit befreit werden. Bei der Taufe kommt nämlich eine Art Exorzismus vor, da der Taufende spricht: **„Exi ab eo (ea), immunde spiritus, et da locum Spiritui Sancto paraclito!“** (Weiche von ihm/ihr, du unreiner Geist, und mache Platz dem Heiligen Geiste, dem Tröster!)

13. Der Exorzismus oder die Teufelsbeschwörung

ist eine mit bischöflicher Erlaubnis vom Priester vorgenommene feierliche, im Namen Jesu an den Teufel gerichtete Aufforderung, den von ihm besessenen Menschen zu verlassen und ihn nicht mehr weiter zu plagen.

Mit dieser Aufforderung sind auch verschiedene Gebete und Lesungen aus der Heiligen Schrift verbunden. Der Exorzismus ist aber keineswegs eine Zauberformel, sondern eine Art Bittgebet. Er wirkt daher wie das Gebet, das auch nicht immer gleich erhört wird. Manchmal dauert der Exorzismus mehrere Tage, bis es endlich gelingt, den Teufel auszutreiben.

Christus hat den Aposteln die „Gewalt über die unreinen Geister“ (Mt 10,1) gegeben. Er gab den Zwölfen „auch Macht, (die Krankheiten zu heilen und) die Teufel auszutreiben“ (Mk 3,15). Vor seiner Himmelfahrt sprach er vor den Aposteln: „In meinem Namen werden sie Teufel austreiben“ (Mk 16,17). Den Zwölfen gab er sogar den Auftrag, die Teufel auszutreiben: „Treibet die Teufel aus!“ (Mt 10,8). Die 72 Jünger, die Christus ausgeschickt hatte, kehrten mit Freuden zurück und sprachen zu ihm: „Herr, auch die Teufel sind uns untertan in deinem Namen“ (Lk 10,17).

Zur **Vornahme des feierlichen Exorzismus** ist eine besondere und ausdrückliche bischöfliche Erlaubnis notwendig. Diese Erlaubnis gibt der Bischof nur einem Priester, der Frömmigkeit, Klugheit und Sittenreinheit besitzt. Der Exorzismus kann auch an Nichtkatholiken und Exkommunizierten vorgenommen und soll niemand verweigert werden, der tatsächlich besessen ist. Hier gelten die Worte

Christi zu den Aposteln: „Treibet böse Geister aus! Umsonst habt ihr empfangen, umsonst gebet!“ (Mt 10,8).
Der Exorzist soll frei von Sünden sein, sonst gehorcht ihm der Teufel nicht und beschämt ihn vor den Anwesenden, indem er ihm seine Sünden, mögen sie noch so geheim sein, ins Gesicht sagt. Es ist also ratsam, daß der Priester zuvor eine Generalbeichte ablegt. Empfehlenswert ist auch, daß er zuvor fastet; denn den Worten Christi zufolge weicht manchmal der Teufel nur nach vielem Beten und Fasten (Mt 17,20). Auch soll der Exorzist ein mutiger und furchtloser Priester sein, gleich einem tapferen Soldaten, denn der Exorzismus ist eine Art Schlacht. Ein schwächlicher oder kränklicher Priester soll den Exorzimus nicht vornehmen, sondern nur ein gesunder und kräftiger; denn der Exorzismus strengt in der Regel sehr an und dauert oft mehrere Stunden oder sogar Tage. Ist der Priester glaubensstark, so wird er mit dem Teufel früher fertig werden.
Wehrmeister rät dem Priester auch, er solle alles, was der Besessene gebraucht, Nahrung, Kleidung, Betten usw. segnen, um dem Dämon seine Lage möglichst unerträglich zu machen.

14. Aus der Heiligen Schrift ist zu entnehmen, daß die Bessenehit auch bei Tieren vorkommen kann (Mt 8,32).

In solchen Fällen soll man zunächst zu erforschen suchen, ob nicht natürliche Ursachen an diesen Übelständen schuld sind, und den Tierarzt zu Rate ziehen. In Fällen, wo man keine natürlichen Ursachen ausfindig machen kann, ist es sehr zu empfehlen, **den Segen Gottes zu erbitten** durch Segnung des Viehs (benedictio jumentorum), der Ställe (benedictio stabulorum), des Futters (benedictio pabuli), der Arznei für die Tiere (benedictio medicinae pro animalibus) und diese Segnungen zu wiederholen. Dadurch wird die dämonische Einwirkung, falls eine solche vorhanden sein sollte, verhindert. Wehrmeister erzählt in seiner Schrift „Benedicite“ (Seite 50) folgendes Vorkommnis:
„Vor elf Jahren ereignete es sich in einem Bauernhaus meiner Pfarrei, daß das Vieh nicht mehr fressen konnte. Die Kiefer aller Tiere des Stalles wurden durch dämonische Kräfte so krampfhaft zusam-

mengehalten, daß zeitweise kein Tier Futter zu sich nehmen konnte. Zur Zeit der Fütterung war der dämonische Angriff am stärksten, erstreckte sich aber mehr oder weniger stark auch auf die übrigen Zeiten. Hatte eines der Tiere eine Kleinigkeit Futter ergriffen, so behielt es dieses oft eine halbe Stunde bewegungslos im Maul. Die armen Tiere konnten nur soviel fressen, daß sie nicht verendeten. Nach vier bis fünf Wochen waren sie bei der äußersten Erschöpfung angelangt. Nachdem ich die oben bezeichneten Benediktionen vorgenommen hatte, ließ ich sämtlichen Tieren in meiner Gegenwart Futter vorwerfen. Als nicht alle sogleich fressen konnten, stellte ich mich hinter jedes einzelne der am Fressen gehinderten Tiere nacheinander mit dem ruhig gegebenen Befehl: „Ich befehle dir, Dämon, im Namen Jesu Christi, des Sohnes Gottes, daß du von diesem Geschöpfe Gottes ablassest und es in seinen natürlichen Funktionen nicht mehr störest." Allmählich fingen alle langsam zu fressen an. Unterdessen wurde jedem in die Haare zwischen den Hörnern ein Kreuz gebrannt (unter Aussprechung der Worte: Im Namen Gottes des Vaters...). Kaum war diese Arbeit fertig, als alles Vieh des Stalles mit größtem Appetit wie um die Wette fraß. Seitdem ist in jenem Haus und Stall kein Unfall mehr vorgekommen."

Wehrmeister empfiehlt auch die Räucherung mit gesegnetem Weihrauch und das tägliche Besprengen des Stalles und Viehs mit Weihwasser.

6. PLAGEGEISTER

Eine Unterscheidung der Geister für körperlich und seelisch angefochtene Menschen.

1. Gott schuf alles gut! ER erschuf Himmel und Erde, das Sichtbare und die unsichtbare Welt der Engel. Engel und Menschen sind Geschöpfe und nicht wesenseins mit Gott, wie Esoterik und Monismus lehren. Der eine und dreifaltige Gott ist Herr aller Mächte und Gewalten. Kein Lucifer und kein Satan ist auch nur ähnlich so mächtig wie GOTT. In Jesus Christus schenkt er uns den Sieg. Jesus hat Tod und Teufel besiegt.

2. Gott prüfte die Engel. Ein Teil von diesen war stolz und fiel von Gott ab: Wir nennen diese gefallenen Engel: **Satan, Teufel, Widersacher, Dämonen,** unreine Geister, Lügner, Diabolos (Durcheinanderwerfer), Gott dieser Welt, böse Geister, gefallene Geister, die Unterwelt, usw. Wir haben oft ganz falsche Vorstellungen von den bösen Geistern. Sie erscheinen oft sehr freundlich, als Lichtgeist, als „Engel des Lichtes“(2 Kor 11,14), als schöne und schlaue helfende Geister. Vorsicht vor solchen „Meistern vom Himalaya“, Sylven und Feen!

3. Gott hat dem Menschen „eine Seele eingehaucht“ (Weish 15,11). Jesus sagt: **„Fürchtet den, der Leib und Seele ins Verderben stürzen kann“** (den Teufel. Mt 10,28; 1Thess 5,23; Hebr 4,12; Offb 6,9). Gott will jeden Menschen ewig selig machen, aber vorher wird er in einem einmaligen Erdenleben auf die Probe gestellt (die einen wachsen in Liebe, Demut, Gehorsam, die anderen lehnen Gott immer mehr ab und verbünden sich mit der Lüge). Der erste Mensch fiel durch Ungehorsam und Stolz, indem er sich über Gottes Gebot hinwegsetzte und „von der verbotenen Frucht“ aß. Durch den Sündenfall sind die Menschen verwundet und mannigfacher Versuchung ausgesetzt. Durch die Sünde kam Krankheit und Tod in die Welt (Römer 5,12 ff).

Wer in der Todsünde (also getrennt von Gott) stirbt, geht für ewig verloren, das ist der „Zweite Tod“ (nicht der körperliche, sondern Tod der Seele: Offb 20,6-14).

4. So wie Christus nach der Kreuzigung ohne den Körper in die Unterwelt hinab stieg und erst am dritten Tag mit Leib und Seele vereint aus dem Grabe hervorging, **so existiert auch der Mensch nach seinem Tode als leibfreie Seele (als Geist) bis zum Weltgericht,** das Christus übertragen ist. Beim Tode gelangt man entweder sofort in die Anschauung Gottes, oder vorher noch in einen Zustand der Reinigung, der Purgatorium genannt wird. Die Bösen, die sich im Leben falsch gepolt haben, sich freiwillig Gott verschließen und die Finsternis mehr lieben als das Licht, fallen in Gottferne und unter die Herrschaft der Teufel. Wir nennen sie „Unselig Verstorbene". Solche dürfen manchmal noch einige Zeit an Orten der Erde weilen und schaden (geistern, weizen...). Je weiter von Gott weg, desto mehr kommt jemand in die Zeit (zeitliches Fegfeuer - zeitloser Himmel). Nur in Gott ist zeitlose Ewigkeit - nicht in der Hölle.

5. Wer ohne Buße stirbt, sich also freiwillig gegen Gott und seine Gnade verschließt und sich nicht durch das Blut des Lammes reinigen lässt, der wird auf ewig verdammt. **Diese verdammten Menschen** sind sofort nach dem Tode (nach dem persönlichen Gericht) der Qual nach in der Hölle. **Ihrem Wirken nach sind aber manche dieser Totengeister noch auf der Erde bei den Menschen: als Plagegeister, „unreine Geister" (=Dämonen), als Wiedergänger, „persönlicher Führer oder Meister", „Schutzgeist" bei Zauberern, Gurus und Medien.** Menschen (Esoteriker, Okkultisten, Yogis) meinen oft mit guten Geistern in Verbindung zu sein, sind es aber nicht!

6. Besessenheit, Umsessenheit, Spuk, Plagen und Medialität kann vom Satan oder Teufel (von einem gefallenen Engel) verursacht sein, oder aber auch von unselig Verstorbenen, von Totengeistern (=Dämonen)! Lies die Bibelstellen über „Unreine Geister", die dort wahlweise als Dämonen bezeichnet werden: Mt 12,43-45 (=Lk 11,24-26); Lk 4,33-36 (=Mk 1,23-27); Mk 5,2-13 (Die unreinen Geister fuhren in die Schweine.); Mk 6,7; Mk 9,17-29: **„Diese Art von Geistern kann nur durch Gebet ausgetrieben werden";** Apg 5,16; Offb 16,13; 18,2 (Unselig Verstorbene!).

Es ist daher von Ahnenkult abzuraten. Es ist gefährlich, zu viel an Verstorbene zu denken, weil diese Geister dadurch herbeigerufen werden. Man gibt ihnen Macht und Zutritt - wenn man zu ihnen redet oder betet. Es ist das die Sünde des Spiritismus und der Medien! Die Folgen sind manchmal: Lästergedanken, keine Freude an Gottes Wort, das Verstehen fremder Sprachen, Hellsehen, Hellfühlen. Manche Depressionen, bis Suicid… sind Folgen. Man darf aber nicht überall das Wirken von Geistern sehen! Es gibt auch ähnlich wirkende natürliche Krankheiten und oft ist leider beides am Werk. (Krank und offen für „Jenseitige“)

7. „Totengeister“ reagieren im Allgemeinen nicht auf einen Exorzismus oder einen „Befehl im Namen Jesu“. Sie hören nicht auf Gott und kümmern sich um keinen Befehl. Deshalb das Wort Jesu in Mk 9,29, dass diese Art nur durch Gebet, Buße und Opfer, ausgetrieben werden kann. Seelen der Verstorbenen sind leiblos und suchen einen Leib, um weiter ungezügelt genießen zu können. Sie sind neugierig und benützen Menschen als ihre Werkzeuge. So suchen sie überraschenderweise sogar die Nähe „religiöser“ Menschen und den Aufenthalt an Gebets- und Kultstätten (wo veräußerlichte Riten oft magisch gebraucht werden), wo sie auch einen gewissen Schutz vor dem sie plagenden Teufel finden. Gegen solche „Wiedergänger“ (umherweizende Geister) kann eine Bitte an Gott helfen: „Guter Gott, binde diese Plagegeister durch deine heiligen Engel und mache sie unschädlich.“ Die Engel Gottes können diese Toten-Geister fesseln und wegführen an einen Ort, wo sie keinem Menschen mehr zu schaden vermögen, wenn wir Gottes Engel (Michael) beauftragen und bitten.

8. Nicht jede Plage kann einfach weggebetet werden! Gott lässt manche Menschen eine Zeit lang zur Besserung und Heiligung leiden: Um jemanden zu prüfen und in der Geduld zu stärken, oder einen Menschen zu Besinnung und Umkehr zu rufen, ihn zu belehren und zu bessern; oder wegen einer Sünde - auch der Vorfahren (bis ins dritte, vierte Geschlecht), oder auch um einen Menschen vor Sünden zu bewahren. Nicht umsonst heißt es in der HL. Schrift: „Wen Gott liebt, den züchtigt er“ (Spr 3,11f; Hebr 12,6-11; Offb 3,19).

Dem Apostel Paulus wurde ein Satans-Engel als Plage beigesellt (2 Kor 12,7), damit er nicht stolz werde. Wir müssen manchmal allerlei aushalten, was Gott zu unserer Prüfung und für unsere Erprobung für eine gewisse Zeit über uns verhängt. Herr, Dein Wille geschehe!

9. Jesus Christus ist Herr über jede Gewalt und Kreatur! Es muss uns immer vor Augen sein, dass es keinen Geist und keine teuflische Macht gibt, über die Jesus am Kreuz nicht gesiegt hätte. 1Joh 3,8: "Der Sohn Gottes ist gekommen, um die Werke des Teufels zu zerstören" und um uns „in die Freiheit der Kinder Gottes zu führen" (Gal 5,1-13). „Die Wahrheit macht frei!" (Joh 8,32 und 14,6) - Wo Lüge ist, flieht der Hl. Geist! Freuen wir uns in Christus. Nehmen wir seine Hilfe und sein Blut in Anspruch. Er sagt: „Alles, was zwei einig werden gemeinsam zu erbitten, werden sie vom himmlischen Vater erhalten" Mt 18,18-20.

10. **Helfen SAKRAMENTE der kath. Kirche?** Es ist wichtig zu wissen: Die sieben Sakramente der kath. Kirche helfen nicht gegen dämonische Plagen! Sie geben Gnade und stärken zum Ertragen, **sie wirken aber nicht als Abwehrmittel gegen Totengeister und dergleichen Plagen.**

SAKRAMENTE sind – als Handlungen Christi und der Kirche – **Zeichen und Mittel,** durch die der Glaube ausgedrückt und bestärkt wird, durch die Gott Verehrung erwiesen und die Heiligung des Menschen bewirkt wird (CIC Can 840), sowie die Gemeinschaft mit der Kirche herbeigeführt und dargestellt wird.

Die Sakramente geben das, was sie bezeichnen:
sie bringen dem gläubigen Empfänger (im Ausmaß seines Glaubens und seiner Bereitschaft) **göttliches Leben und Gnade** (=geschenkte Hilfe, Heiligung, Licht, Geduld, Kraft zum Ertragen), **aber nicht Schutz vor teuflischen Plagen!**

1. Die Taufe bringt Befreiung von der Erbsünde und von persönlicher Sünde. Sie gibt das übernatürliche Leben und bewirkt die Gotteskindschaft oder Wiedergeburt im Hl. Geiste.
2. Die Firmung besiegelt mit dem Hl. Geiste und stärkt den Gläubigen zum Zeugnis.

3. Das Bußsakrament, die Beichte, gibt (bei Reue und gutem Vorsatz zur Umkehr) Vergebung; Reinigung durch das Blut Jesu und Heiligung im Hl. Geist.
4. Die Eucharistie stärkt den Glauben und versöhnt durch die Gegenwärtigsetzung des Kreuzes-Opfers Jesu; die Kommunion gibt Gemeinschaft mit Jesus und ewiges Leben. Sie stärkt den inneren Menschen. (= Wegzehrung - Nahrung auf den letzten Weg).
5. Das Weihe-Sakrament (Priesterweihe) gibt Amtsvollmacht und Gnade für diese Amtstätigkeit (Lehren, Leiten, Heiligen).
6. Das Ehesakrament gibt die nötigen Standesgnaden für die Eheleute.
7. Die Kranken-Salbung bringt Vergebung der Sünden (nach dem Maß der Umkehrbereitschaft) und Stärkung der seelischen und leiblichen Gesundheit, nicht aber Befreiung von Versuchungen oder dämonischen Plagen.

11. Die Sakramentalien sind hl. Zeichen, durch die in einer gewissen Nachahmung der Sakramente, Wirkungen (besonders geistlicher Art) bezeichnet und Kraft der Fürbitte der Kirche erlangt werden (Can 1166). Sie können einen gewissen Schutz gegen Satan bringen (Kreuz-Zeichen, Weihwasser, Exorzismus), helfen aber kaum gegen Totengeister. Diese Plagegeister werden eher angelockt! Gegen solche hilft nur Gebet zu Gott.

12. Ein fürbittendes Gebet oder ein befehlender Privat-Exorzismus kann von jedem Gläubigen, der im Stande der Gnade ist, gesprochen werden. Z.B.: Ewiger, dreieiniger Gott, sende uns um des Leidens und Sterbens Jesu Deine Hilfe gegen die Mächte der Finsternis! Erbarme dich unser und banne die .... Geister an einen Ort, wo sie keinem Menschen schaden können. Herr Jesus Christus, durch dein Kreuz und deine Wunden blende meine Feinde und beschütze mich! Heiliger Schutzengel mein, lass mich dir empfohlen sein. (Verfasst von: Anton Angerer)

7. Der Teufel und der Spiritismus

Okkultismus und Yoga

Das Wort „Spiritismus“ kommt vom lateinischen **„spiritus“** (Geist) und bedeutet den Verkehr mit Geistern. Die Spiritisten rufen (zitieren) nämlich bei ihren Zusammenkünften die Geister bzw. die Geister verstorbener Menschen. Jene Person, deren sich dann der zitierte Geist bedient, um sich kundzutun, nennt man **Medium** (Mittel, Vermittler). Das Medium gerät gewöhnlich in Trance (einen schlafähnlichen Zustand) und beantwortet dann Fragen.

Viele, insbesondere Freidenker, aber auch einzelne Theologen wollen durchaus nichts davon wissen, daß bei spiritistischen Sitzungen Geister im Spiel sein könnten; sie wollen nämlich alles auf natürliche Weise erklären. Andere wiederum nennen mit vornehmem Lächeln den Spiritismus „Betrug und Schwindel“. So zu urteilen ist allerdings sehr bequem; denn da braucht man weder Studien anzustellen noch Erfahrungen zu sammeln. Auch gilt man dann als „aufgeklärt“.

1. In manchen Fällen sind die spiritistischen Veranstaltungen tatsächlich Betrug und Schwindel.

2. Trotzdem gibt es Fälle, daß sich in spiritistischen Versammlungen wirklich Geister kundtun.

Im Jahre 1875 besuchte **Kardinal Bonnechose** eine spiritistische Sitzung, um sich über den Spiritismus zu informieren. Der Kardinal legte dabei ein Kruzifix auf den Tisch, das sogleich von unsichtbarer Hand auf den Fußboden geworfen wurde. Als das Kruzifix neuerdings auf den Tisch gelegt war, wurde es wieder herabgeschleudert. Diese und ähnliche Vorfälle, die eine ausgesprochene Feindschaft gegen den Erlöser bekunden, legen die Vermutung nahe, daß böse Geister, Dämonen, bei spiritistischen Sitzungen Einfluß haben.

Dr. Williams, ein englischer Nervenarzt, der zuvor Spiritist gewesen ist, beschreibt in seinem Buch „Spiritismus und Wahnsinn“ (Spiritism and Insanity) das Verhalten der Medien während der spiritistischen Experimente in folgender Weise: „Das Medium knirscht mit den Zähnen, Schaum tritt aus dem Mund, und die Erscheinungen sind ganz die eines echten epileptischen Anfalls. Wer diesen Prozeß beobachtet hat, die widerlichen Verzerrungen der Glieder, die Zuckungen der Muskel, die schrecklichen Grimassen und die scheußlichen unnatürlichen Laute, die diese Entwicklung so oft begleiten, kann sich kaum des Gedankens erwehren, daß der Verdacht, die Phänomene seien satantischen Wesens und Ursprungs, in diesen Erscheinungen seine Bestätigung findet."

Dr. Raupert weist darauf hin, daß bei Medien nach und nach die Merkmale der Besessenheit auftreten. Er schreibt: „Während es verhältnismäßig leicht ist, die geistigen Wesen durch Experimente heranzuziehen, ist es ungemein schwer, ja manchmal ganz unmöglich, diese wieder loszuwerden."

Manche Spiritisten suchen die Verbindung mit der Geisterwelt dadurch herzustellen, daß sie einen Bleistift zur Hand nehmen und warten, bis eine geheimnisvolle Kraft ihnen die Hand führt. Dadurch wird der Schreibende zum Medium und ist in Gefahr, seine Gesundheit zu verlieren. Manche Nerven- und Irrenärzte können viel darüber erzählen. Dr. Raupert, an den sich viele kranke **Schreibmedien** um Rat und Hilfe gewandt haben, berichtet in seinem bereits erwähnten Buch (auf Seite 58 ff.) aus eigener Erfahrung folgende Tatsache: Bei jenen Personen kommt es endlich so weit, daß sie den Antrieb zum Schreiben nicht mehr unterdrücken können. **Eine geheimnisvolle Kraft zwingt sie, den Bleistift zu ergreifen und stundenlang zu schreiben, bis sie ganz erschöpft sind.** Manche mußten sogar Tag und Nacht schreiben. Wenn sie Widerstand leisteten, wurde dieser dadurch gebrochen, daß ihr Arm heftig auf den Tisch geschlagen wurde und der Schmerz schließlich zum Nachgeben führte.

Ein junger englischer Offizier hat auch Versuche als Schreibmedium angestellt. Er erhielt dabei zunächst viele Mitteilungen über Geheimnisse aus dem Leben seiner Kameraden, aber später wurde er Tag und Nacht durch eine geheimnisvolle Kraft zum Schreiben gezwungen. Wenn kein Bleistift zur Hand war, mußte er mit dem Finger in die Luft schreiben und das Geschriebene mit lauter Stimme

ablesen. So fanden sich an ihm die Merkmale teuflischer Besessenheit. Er zog die berühmtesten Nervenärzte in England und ganz Europa zu Rate, ließ sich auch hypnotisieren, doch half alles nichts. Der bedauernswerte Mensch machte endlich seinem Leben durch Selbstmord ein Ende. – Die Gelehrten geben sich unnütze Mühe, solche Phänomene natürlich zu erklären. Gerade aus dieser Begebenheit ist ersichtlich, **daß derjenige, der sich mit Spiritismus abgibt, leicht ein Spielzeug des bösen Geistes werden kann.**
Die Spiritisten befinden sich im Irrtum, wenn sie meinen, daß auch die heiligen Engel und die Heiligen des Himmels bei ihren Sitzungen aufträten.

3. Zu beachten ist, daß diese spiritistischen Experimente der Gesundheit schaden, ja diese oft ganz zerrütten.

Zu berücksichtigen ist auch die gänzliche Erschöpfung der Medien nach der Sitzung. Ärzte, die sich gründlich mit der Beobachtung der Medien abgegeben haben, weisen darauf hin, daß bei diesen nach den spiritistischen Experimenten folgende Erscheinungen auftreten: Krämpfe, Ohnmachtsanfälle, manchmal ein tiefer Schlaf und, wenn das Medium vor der Sitzung etwas genossen hat, Erbrechen. Später zeigen sich: krankhafte Empfindlichkeit, Halluzinationen und manchmal Delirium (Wahnsinn), auch Verdauungsstörungen und Lähmung der Beine.

4. Die Spiritisten irren, wenn sie meinen, es seien tatsächlich stets jene Geister zugegen, die sich anmelden.

Dr. Raupert, der auf Wunsch des Papstes Pius X. an den katholischen Universitäten und Seminaren Nordamerikas Vorträge über das wahre Wesen des Spiritismus gehalten hat, wurde in New York von einem dortigen Verleger namens Dr. Funk zu Tisch geladen. Hierbei teilte ihm dieser mit, daß er seit Jahren mit seiner verstorbenen Gattin im Verkehr stünde; er spreche mit ihr durch jedes beliebige Medium. Daß tatsächlich seine Gattin zu ihm spreche, ersehe er daraus, daß sie mit den intimsten Angelegenheiten seines ehelichen Lebens ganz vertraut sei. Raupert machte aber den Verleger darauf aufmerksam, daß die angeblichen Geister selten das sind, was sie zu sein vorgeben, weshalb Dr. Funk früher oder später noch eine große Enttäuschung erleben dürfte.

Als Dr. Raupert zwei Jahre später wieder nach New York kam, teilte ihm Dr. Funk mit, daß er tatsächlich bitter enttäuscht sei. Einmal habe nämlich seine verstorbene Gattin ihre Krankheit und ihren Tod auf eine Weise beschrieben, die nicht auf seine Gattin, sondern auf seine Mutter paßte. Seit jener Zeit wollte er von spiritistischen Offenbarungen nichts mehr wissen (Raupert, S. 49).

Die bei den spiritistischen Sitzungen tätigen Geister sind meist **Lügengeister,** welche die Menschen in listiger Weise verführen und betrügen; jedenfalls sind sie keineswegs von Gott gesandte Überbringer einer Offenbarung. **Sie leugnen insbesondere die Gottheit Christi und die Erlösung der Menschheit durch seinen Kreuzestod.** Sie sagen, Christus sei nur ein höherer Geist gewesen, welcher der damals verderbten Menschheit ein Beispiel geben und sie belehren wollte. **Sie leugnen auch die Vergeltung nach dem Tode** und sagen, es gebe im Jenseits eine Weiterentwicklung der Geister, aber keine ewige Höllenstrafe. Auch vertreten sie die indische Lehre von der Wiedergeburt.

Es ist auffallend, daß durch die Offenbarung der von den Spiritisten gerufenen Geister nicht der geringste Fortschritt erzielt worden ist. Es wurden nie wissenschaftliche Erkenntnisse vermittelt. **Man hat auch durch die Geister gar nichts Neues über das Jenseits erfahren.**

Manche Geister betragen sich gemein; sie fluchen und führen unanständige Reden. Es fällt auch auf, daß sich die verschiedenen Geister widersprechen: Die Geister in Europa lehren z.B. eine Seelenwanderung nach dem Tode, die amerikanischen aber das Gegenteil. Während die einen Geister erklären, Luther sei im Himmel, sagen andere, er sei in der Hölle. Aus alledem ist ersichtlich, daß unmöglich heilige Engel oder Heilige aus dem Himmel bei spiritistischen Sitzung auftreten.

Dennoch ist nicht ausgeschlossen, daß sich in seltenen Ausnahmefällen tatsächlich Verstorbene melden können. Die Heilige Schrift selbst erzählt einen solchen Fall: **König Saul** ging vor der Schlacht mit den Philistern zu einer Spiritistin in Endor (am Fuße des Berges

Tabor) und bat sie, den Geist des Propheten Samuel zu rufen und ihn zu befragen, was er tun solle. Es folgte darauf die Erscheinung eines alten, in einen Mantel gehüllten Mannes, der mitteilte, Saul werde von den Philistern besiegt werden und am nächsten Tag mit seinen Söhnen in der anderen Welt sein (1 Sam 28,11-19). In diesem Falle ist also (laut Sir 46,23) Samuel tatsächlich erschienen. Beachtenswert ist, daß Samuel dem Saul Vorwürfe gemacht hat: „Warum hast du mich beunruhigt und mich heraufbeschworen?" (1 Sam 28,15). **Es ist jedenfalls ein Frevel, die Toten in ihrer Ruhe zu stören.**

5. Die Spiritisten irren, wenn sie meinen, der Spiritismus sei eine neue Offenbarung Gottes an die Menschheit.

Offenbarungen Gottes gehen den Menschen nie auf eine Weise zu, die Leib und Seele schädigen. Wäre Gott der Heilige Geist der Vermittler der Offenbarung, dann würden bei den Medien nicht die **Merkmale der Besessenheit** auftreten: Zähneknirschen, Schaum vor dem Munde, Grimassen, Verzerrungen der Glieder, unnatürliche Laute usw.

Auch die Behauptung der Spiritisten, Christus sei ein hervorragendes Medium gewesen, muß als Unsinn zurückgewiesen werden. Christus kann nicht mit einem Medium verglichen werden; denn er wirkte nicht nach Art der Medien. Seine Wunder tat er nicht zur Befriedigung der Neugierde. Ferner ist zu beobachten, daß er sie vor den Augen der ihn beobachtenden Menge und nicht bei gedämpftem Licht wirkte. Er war auch nie im Zustand der Bewußtlosigkeit wie die Medien. Verdächtig ist jedenfalls, daß spiritistische Versammlungen gewöhnlich in einem dunklen oder wenigstens halbdunklen Raum stattfinden. Die Wahrheit aber hat das Licht nicht zu scheuen.

Zu beachten ist auch, daß die Besucher spiritistischer Sitzungen von den Medien **oft zum Unglauben verführt werden.** Die Geister gehen hierbei ebenso schlau vor wie die Schlange im Paradiese den ersten Menschen gegenüber. Dr. Godfrey Raupert, ein englischer Konvertit, der 1929 in Wiesbaden gestorben ist, sagt in seinem vortrefflichen Buch „Der Spiritismus im Lichte der vollen Wahrheit" (auf Seite 71): „Die geistigen Wesen gehen nicht so unvorsichtig zu Werke; sie bauen langsam und diplomatisch ab. Sie nehmen einen

Stein nach dem andern aus dem Gebäude des Glaubens und lösen die Bande allmählich. Im Anfang bestätigen sie die Wahrheit und den Wert gewisser christlicher Lehren. Es gibt sogar Fälle, wo diese Wesen soweit gehen, den Eintritt in die Kirche anzuraten, wodurch sie sich selbstverständlich das volle Vertrauen des Forschenden erwerben. Aber lange wird diese Verbindung mit der Kirche und der Empfang der Sakramente nicht geduldet. Langsam und diplomatisch geht es nach einer Weile an den Abbau, wobei das Fehlerhafte und Irrtümliche dieser oder jener Lehre betont wird. Wenn dann der Forschende sein Erstaunen ausdrückt und an das erinnert, was man ihm vorher gesagt und geraten hat, so ist die Antwort: ‘Unser Rat war aus Rücksicht auf deine Schwäche gegeben. Als du zu uns kamst, warst du ein geistiger Schwächling, der einer Stütze bedurfte. Du warst ein Genesender, der aber noch auf Krücken gehen mußte. Wir ließen dir diese Krücken. Deine Entwicklung hat nun aber Fortschritte gemacht, und du kannst die Krücken fortwerfen. Denn wir haben dir gezeigt, wie du in Freiheit des Geistes auf eigenen Füßen stehen kannst.’
Dies ist schmeichelhaft für den Forscher, und wenn er ohne Erfahrung ist, geht er leicht in die Falle. Damit ist das Band, das ihn mit dem übernatürlichen Gnadenleben verbindet, zerschnitten und der Endzweck erreicht. **Der Forscher glaubt, daß er eine große, den Geist befreiende Wahrheit gefunden habe, während er in Wirklichkeit einen folgenschweren Schritt rückwärts getan hat** und da angekommen ist, wo die Welt stand, ehe Christus angekommen ist, nämlich im Heidentum.“

6. Die katholische Kirche verbietet daher mit Recht die Teilnahme an spiritistischen Versammlungen, weil diese dem Leibe und der Seele schaden.

Die Kongregation des hl. Offiziums in Rom verbot (am 27. 4. 1917) den Katholiken, an spiritistischen Vorgängen auch nur als Zuschauer teilzunehmen.
Der Spiritismus ist eigentlich eine Beleidigung Gottes, weil dadurch die göttliche Offenbarung verschmäht und versucht wird, in Sachen des Seelenheils von Geistern Auskunft zu erlangen. Auf die Spiriti-

sten passen die Worte der Hl. Schrift: „Die Quelle des lebendigen Wassers haben sie verlassen und sich Zisternen gegraben, die kein Wasser halten können“ (Jer 2,13). Der hl. Thomas von Aquin sagt: **„Es ist ein Frevel, sich von Teufeln belehren zu lassen,** da uns doch die Heilige Schrift, also das Wort Gottes, zu Gebote steht.“ Daher hat schon Moses folgenden Befehl gegeben: „Es soll sich niemand finden, der die Geister befragt, denn das verabscheut der Herr“ (5 Mos 18,11). Der hl. Apostel Paulus klagte, „daß in den letzten Zeiten einige vom Glauben abfallen und Geistern der Verführung und Teufelslehrern Gehör schenken werden“ (1 Tim 4,1).

Wenn sich jemand zur Behauptung versteigt, der Spiritismus sei die Religion der Zukunft, dem kann man entgegnen: **Der Spiritismus ist vielmehr die Religion der Vergangenheit, nämlich die Religion des heidnischen Altertums.** Denn die Heiden hatten ihre Orakel, d.h. von ihnen heilig gehaltene Orte und Personen, wo sich nach ihrer Ansicht Götter offenbarten. Die Orakel waren ein Bestandteil der heidnischen Religion, aber durch sie gaben sich die bösen Geister kund, ebenso wie es beim Spiritismus der Fall ist. Gleichwie heutzutage Teilnehmer an spiritistischen Sitzungen von den bösen Geistern Auskünfte zu erlangen suchen, so haben sich bereits im Altertum die Heiden an ihre Orakel gewandt, wo ihnen die Dämonen Mitteilungen machten.

7. Orakel nannten die Heiden von ihnen heilig gehaltene Orte, wo sich nach ihrer Vorstellung die Götter offenbarten.

Zuweilen war es eine Quelle, wo das Volk die Nähe der Gottheit vermutete, oder das Grab eines berühmten Sehers oder, wie zu Delphi in Griechenland, ein Erdspalt, aus dem betäubende Dämpfe emporstiegen und wo eine Person weissagte. Orakel gab es außer dem berühmtesten zu Delphi noch zu Meroe und Heliopolis in Ägypten, in Italien auf der Tiberinsel, zu Tivoli und zu Padua, in Kleinasien zu Klaros, im Ägäischen Meer auf der Insel Delos und in Nordgriechenland zu Dodona. Die Heilige Schrift erwähnt das Orakel des Beelzebub in Akkaron (2 Kön 1,2). Im ganzen gab es gegen dreihundert Orakel.

Die Offenbarungen und den Willen der heidnischen Götter wollte man mancherorts aus Anzeichen erkennen, z.B. aus dem Rauschen der heiligen Eiche zu Dodona oder aus den Worten oder Tönen, welche die über dem Erdspalt zu Delphi sitzende und durch aufsteigende Dämpfe betäubte Pythia, eine Priesterin, ausstieß. Bei diesen Orakeln gab es Priester, die sich mit der Deutung der Zeichen befaßten. Zuweilen waren es auch Mittelspersonen – die Spiritisten würden sagen: **Medien – , durch welche die heidnischen Götter, eigentlich die bösen Geister, ihren Willen kundgaben.**

An manchen Orakeln mußte der Fragende im Tempel schlafen, und die Antwort wurde ihm in der Nacht im Traum zuteil. Außer diesen Traumorakeln gab es auch Brieforakel: Der Fragende ließ z.B. durch einen Boten seine Frage in einem versiegelten Brief zum Orakel senden, und dort empfing der Bote wieder einen versiegelten Brief, worin die Antwort stand, obgleich der Brief des Boten nicht geöffnet worden war.

8. Bei den Orakeln waren überirdische Wesen tätig; denn sie wußten verborgene Dinge und wirkten auch Scheinwunder.

Manche, die nicht mit gründlichem Wissen beschwert sind, tun die Orakel kurzweg ab mit der Behauptung, es liege ein Betrug durch die heidnischen Priester vor. Daß da übermenschliche Kräfte wirkten, wollen sie nicht zugeben. Gewiß kam auch manchmal Betrug vor, denn die Orakel ließen sich auch bestechen, aber wäre stets nur Betrug vorgekommen, wäre dieser doch endlich aufgedeckt worden, und die Orakel hätten sich nicht durch die Jahrhunderte, ja Jahrtausende erhalten.
Weil beim Orakel überirdische Mächte tätig waren, welche die Heiden als ihre Götter verehrten, galt jenen das Orakel als heilig und als Bestandteil ihrer Religion. Daher haben sich Herrscher, auch ganze Städte und Völker oft an sie gewandt. Viele Leute begannen kein wichtiges Unternehmen, ohne das Orakel befragt zu haben. Außer der großen Masse des heidnischen Volkes waren auch die gelehrtesten Männer des Altertums, sowohl die heidnischen Philosophen als auch die christlichen Schriftsteller der ersten christlichen Jahrhunderte, fest überzeugt, daß übermenschliche Wesen die Orakel inspi-

rierten. Die Heiden haben sich sogar auf die Orakel berufen, um die Göttlichkeit ihrer falschen Religion darzutun.
Daß überirdische Wesen durch die Orakel tätig waren, ergibt sich daraus, daß diese verborgene Dinge wußten. Laut einem Bericht des hl. Bischofs Athanasius von Alexandria (†373) sagte einmal das Orakel in Ägypten, daß Überschwemmungen bevorstünden, die daraufhin tatsächlich eintraten. Hier muß also ein Wesen im Spiel gewesen sein, das gewußt hat, daß in Äthiopien starke Regengüsse niedergegangen waren. Da es damals weder Telegraf noch Telefon gab, muß man schließen, daß das Orakel von einem geistigen Wesen inspiriert war.

Laut Herodot sagte einst das Orakel zu Delphi den Boten des Königs Krösus, was der König in demselben Augenblick in seiner Residenz zu Sardes tue, daß er nämlich eine Schildkröte in einem Lamm kochen lasse. **Sowohl die heiligen Engel als auch die Teufel können nämlich wissen, was in der Ferne vor sich geht, weil sie reine Geister sind** und somit alles rasch sehen können, was auf der ganzen Erde geschieht.

Plutarch erzählt von einem Statthalter in Kilikien, der ein Epikuräer war und nichts auf Orakel gab, folgendes: Eines Tages schickte der Statthalter probeweise einen Boten mit einem versiegelten Brief an das Orakel des Mopsus und verlangte, daß dem Boten im Traum auf die im Brief gestellte Frage Antwort gegeben werde. Der Bote schlief nachts im Tempel und erhielt tatsächlich im Traum Antwort. Als er den Brief ungeöffnet zurückbrachte und den Traum erzählte, war der Statthalter ungemein erstaunt. Er hatte nämlich wissen wollen, ob er der Gottheit einen schwarzen oder einen weißen Stier opfern solle, und der Bote hatte im Traum einen Mann gesehen, der das Wort „schwarz“ aussprach.
Weil der Teufel nicht allwissend ist, konnten die Orakel jene zukünftigen Dinge nicht voraussagen, die ein Geschöpf, und wäre es ein guter oder böser Geist, ohne göttliche Offenbarung nicht wissen kann. Deshalb waren **die meisten Antworten der Orakel,** sobald sie über die Zukunft befragt wurden, **dunkel oder vieldeutig.** So sandte einmal der reiche König Krösus von Lydien vor dem Krieg mit dem Perserkönig Kyros Boten ans Orakel von Delphi und ließ

fragen, ob er siegen werde. Das Orakel antwortete ihm: „Wenn Krösus den Fluß Halys überschreitet, wird er ein großes Reich zerstören.“ Krösus ließ sich durch diesen Orakelspruch irreführen, überschritt den Halys und fiel ins Perserreich ein. Der Perserkönig trieb ihn zurück, verfolgte ihn bis in dessen Hauptstadt Sardes und nahm ihn dort gefangen (546 v.Chr.). Krösus verlor nun seinen Thron und sein Reich, hatte also tatsächlich ein Reich zerstört, aber sein eigenes. Er hatte sich von dem zweideutigen Orakelspruch irreführen lassen.

Es gibt noch einen ähnlichen Fall: Wie Cicero berichtet, erhielt König Pyrrhos von Epirus um 280 v.Chr. vom Orakel des Apollo die Antwort: „Aio te, Aeacida, Romanos vincere posse“, was zweideutig ist. Es kann nämlich lauten: „Ich erkläre, Aeazide, daß du die Römer besiegen kannst“, hat aber auch den Sinn: „... daß die Römer dich besiegen können“. Pyrrhos errang zwar einige Siege, wurde aber schließlich bei Maleventum im Jahr 275 v.Chr. von den Römern entscheidend geschlagen.

Eine ähnlich unbestimmte Antwort erhielt ein anderer vom Orakel: „Ibis redibis non morieris in bello“ (Du wirst gehen zurückkommen nicht im Kriege sterben). Hier kommt es darauf an, wo das Komma gesetzt wird, ob vor oder nach dem Wort „nicht“. Dieses Komma kann eben den Sinn des Satzes vollständig ändern.

Genaugenommen sind solche Orakelsprüche keine Weissagungen, denn solche müssen bestimmt sein, wie es z.B. die Worte Christi zu Petrus waren: „Wahrlich, ich sage dir: Heute, in dieser Nacht, ehe der Hahn zweimal kräht, wirst du mich dreimal verleugnen!“ (Mk 14,30).

Strabo (Georg. 17) erzählt, daß in Ägypten Personen aus den angesehensten Familien den Tempel des Serapis besuchten, um dort zu schlafen und im Traum für sich oder für einen kranken Freund das Heilmittel gegen eine Krankheit zu erfahren. Auf diese Weise seien viele **wunderbare Krankenheilungen** zustande gekommen, die alle im Tempel auf Säulen oder Gedenktafeln verzeichnet wurden. Doch waren alle diese Träume vom Teufel verursacht. Wie die hll. Cyprian, Tertullian, Laktantius u.a. erklären, waren die Heilungen der Krankheiten bei den Orakeln **keine Wunder**, weil der Teufel einfach jene Krankheiten, die er zuvor selbst verursacht hatte, dadurch heilte, daß er aufhörte, den Leuten weiterhin zu schaden. Der Teufel gab auch selten die richtigen Heilmittel an, sondern gewöhnlich lächerliche, ja sogar schädliche Mittel.

9. Böse Geister haben sich durch die Orakel kundgetan.

Der Urheber der Orakel war der Teufel; denn die Orakel verführten die Menschen zu Verbrechen und Schlechtigkeiten. Nach Aussagen heidnischer und kirchlicher Schriftsteller der damaligen Zeit wie Plutarch, Pausanias, Vergil, Eusebius u.a. verführten die Orakel zu Menschenopfern; denn sie forderten bisweilen Blut. Daher kam es vor, daß Eltern sogar ihre eigenen Kinder den Göttern opferten. Nicht ohne Grund nennt der Heiland den Teufel den „Menschenmörder“ (Joh 8,44). Laut Eusebius verlangten die Orakel auch die abscheulichste **öffentliche Unzucht in den Tempeln, die sogenannten Orgien.** Der Teufel erwies sich auch hier als der „unreine Geist“, wie ihn der Heiland genannt hat (Lk 11,24).
Der hl. Cyprian, Bischof von Karthago, sagt (de idol.), daß die bösen Geister, welche die Wahrsager bei den Orakeln inspirieren, Wahres und Falsches miteinander mischen. Daß bei den Orakeln böse Geister wirkten, folgt auch noch daraus, daß die Christen imstande waren, durch Befehl oder durch Anrufung des Namens Jesus oder durch das hl. Kreuzzeichen die Orakel unwirksam zu machen. Der hl. Bischof Cyprian lud (im Buch an Demetrius) die heidnischen Gelehrten ein, sich mit eigenen Augen zu überzeugen, wie die bösen Geister heulen und seufzen, wenn sie von den Christen durch Anrufung des lebendigen Gottes aus den falschen Propheten ausgetrieben werden. Der hl. Bischof Athanasius erklärt (de inc. verbi dei), daß schon das Kreuzzeichen genüge, das Orakel verstummen zu lassen.

Die Heiden gestanden selbst, daß in Gegenwart der Christen die Orakel verstummen. Die heidnischen Priester versuchten es mit der Ausrede, ihre Götter schwiegen nicht aus Furcht, sondern aus Abscheu vor dem christlichen Namen und aus Haß gegen das Christentum. Darauf entgegnete Arnobius, die heidnischen Götter haßten, weil sie den Gegner fürchteten, dessen Macht sie um ihr Ansehen bringe. Und Laktantius sagt: „Wären es Götter, dann wäre es ihrer Majestät geziemend, den gehaßten Feind, der sich in ihren Augen zeigt, sogleich zu strafen, nicht aber die Flucht zu ergreifen und der höheren Gewalt zu weichen."

10. Mit dem Auftreten des Christentums verstummten nach und nach alle heidnischen Orakel.

Die Dämonen hatten sich bei den Heiden jene Ehre fälschlich angemaßt, die Gott dem Herrn allein zukommt. Seitdem aber der Sohn Gottes auf Erden erschienen war und die göttliche Ehre für sich in Anspruch genommen hatte, mußten die bösen Geister weichen. Sobald sich in der Nähe eines Orakels das Christentum auszubreiten begann, nahmen die Orakelgeister alsbald von dort Reißaus; der Teufel sah ein, daß er gegen das göttliche Licht des Evangeliums nicht aufkommen kann. Auch die berühmtesten Orakel verstummten, sobald in der Gegend das Evangelium gepredigt wurde. Lukanus (+65 n.Chr.) erzählt, daß sogar das berühmte Orakel von Delphi nicht mehr antworte. Um das Jahr 100 berichtet Plutarch (+120 n.Chr.), daß alle Orakel bis auf zwei oder drei gänzlich verstummt seien. Bemerkenswert ist auch, daß (nach dem hl. Chrysostomus) das Orakel des Apollo zu Daphne sogleich verstummte, als in dessen Nähe die Reliquien des hl. Märtyrers Babylas beigesetzt wurden. Auf dieses Verstummen der Orakel beriefen sich die christlichen Schriftsteller, um die Heiden von der göttlichen Macht Christi über die bösen Geister, also von der Gottheit Christi zu überzeugen.

Aufgrund des Gesagten können wir folgenden Schluß ziehen: **Die Orakel waren vom Teufel inspiriert; der böse Geist, der Urheber des Heidentums, war auch der Urheber der Orakel.** Die Heilige Schrift sagt: „Alle Götter der Heiden sind böse Geister" (Ps 95,5). Wenn Moses strengstens verbot, die Wahrsager zu befragen (5. Mos 18,10), so geschah es deswegen, weil dieses Befragen ein Verkehr mit den bösen Geistern ist.

11. Yoga und Zen – heutige asiatische Pseudomystik

Gott spricht zwar auch zu den Heiden, wenn sie in sittlich reiner Absicht nach ihm suchen. Aber leider mischt sich dabei häufig Neugier, dann Wissensstolz und Hochmut hinein, sodaß anfänglich ehrliche Sucher schließlich beim unbewußten Teufelspakt landen. Wer die wunderähnlichen Taten jener „Vollkommenen“, der Yogis u.a. kennt, wie etwa „Dematerialisation“, Hellsehen, Schwerelosigkeit und vieles andere, sieht bald, daß bei unseren Besessenen das gleiche vorliegt. Höhere „Erleuchtungsstufen“ sind fast durchweg nur eine „kultivierte Besessenheit“, das heißt, eine kontrollierte Art, mit dem Teufel zu wirken.

12. Geheimbünde, Theosophie und Freimaurertum

Eine Art des Okkultismus, Spiritismus oder sonstigen Religionsersatzes bilden jene Clubs, die das Licht scheuen. Nur der Vater der Lüge verbirgt sich so. Unter dem Deckmantel der „höheren Erleuchtung“, die vom Volk nicht verstanden werde, schließen sie sich ab. In Wirklichkeit würde nämlich ihr gottloses Treiben, ihre Widergöttlichkeit ans Tageslicht kommen und vom einfachen, unverbildeten Volk leicht erkannt werden.
Vorstufen zur Freimaurerei sind Liberalismus, Mysterien-Religionen der Heiden, asiatischer Pantheismus, sämtliche Spielarten der Gnosis, kurzum alle Lehren, die nicht Evangelium sind. Fast jede Geistesrichtung und Weltanschauung hat in jenem System Platz. Die Anhänger geben sich tolerant; nur gegen eines sind sie intolerant: gegen die katholische Lehre, gegen die Lehre von Hölle und Vergeltung, gegen Jesus den Gekreuzigten.
Rede zu ihnen allgemein über Gott, über das Gute und Schöne, wo sich jeder hineindenken kann, was er will, und alle klatschen Beifall. Das schlimme ist, daß sie den Inhalt der Worte verdrehen unter dem Schein einer höheren Erkenntnis. **Sie reden ebenfalls von Christus, aber in einem der Lehre der Kirche ganz entgegengesetzten Sinn.** Unter den gleichen Worten denken sie etwas ganz anderes. Gläubigere unter ihnen glauben an eine Reinkarnation, an eine Wiedergeburt im Fleische. Ihre ganze „Höherentwicklung“ besteht daher, neben einigen humanitären Akten, in der Abschaffung aller Gebote, in Unsittlichkeit und Ausschweifung; denn Sünde gibt es ihrer Ansicht nach nicht. Wie sollte es das auch, wo sich jeder für einen Teil von Gott hält (vgl. Augustinus: „Bekenntnisse“ VII,10), als Licht vom Lichte, das gegen sich selbst ja gar nicht zu sündigen vermag! Eben-

so gibt es bei ihnen kein Gebet. Zu wem auch beten, wo sie ja selbst ein Teil von Gott sind! Selbstgespräche führen? Wo doch alles starren Gesetzen der Wiedervergeltung, dem Karma, unterliegt?
Bei ihnen ist alles Stolz, Egoismus und Innerweltlichkeit. Unter dem Schein höherer Erleuchtung schaffen sie alle Ordnung für die Ihren ab und führen sie dem Teufel geradewegs in die Hände. Ihre höchste Erleuchtung heißt: Ich bin Gott. Welcher Stolz!
Die neu Hinzugekommenen werden nur ganz langsam mit den umstürzenden Gedankengängen vertraut, sodaß sie unmerklich immer verkehrtere Ansichten bekommen. Sie lernen ein Weltbild kennen, das dem katholischen Standpunkt genau entgegengesetzt ist: das Negativ zum Positiv, die Lehre Satans, der alles nachäfft. In seinem Reich gibt es die genau gleichen Phänomene und Hierarchien, nur nicht so vollkommen wie jene Gottes. Der Satan ist nun einmal der Affe Gottes. Gerade diese Parallelität verführt unvorsichtige „Wahrheitssucher", die nun anfangen, den „Weltbaumeister" anzubeten, in Wirklichkeit aber vor dem Teufel knieen.
Um eingeweiht zu werden und zur „Erleuchtung" zu gelangen, sind genau solche Taten notwendig, die wir als Todsünden bezeichnen und wie sie der Apostel Paulus in den Lasterkatalogen (z.B. Gal 5,19) aufzählt. Es kommt auch zur Erleuchtung (wie in den alten Mysterien der Heiden), aber das ist genau jene, die wir vorher auch bei Besessenen gefunden haben. Satan zeigt sich ihnen als Licht (2. Kor 11,14). Wenn jenen Neugierigen (und aus irdischem Gewinnstreben Eintretenden) die Augen aufzugehen beginnen, in welcher Gemeinschaft sie sich befinden, so ist es meist zu spät. Sie sind dann schon durch Schwüre und Eid gebunden.

8. Er heilte mit dem Teufel

von Alexa Gaspari

Eine ehemalige Journalistin aus Bulgarien entdeckt, nachdem sie von einem gleißenden Licht geblendet für Stunden ohne Bewußtsein ist, ihre heilenden Fähigkeiten. Der vierundsechzigjährige Rupert aus Tirol erhält von einer alten slowenischen Bäuerin eine Kiste mit Rosenkränzen und Anleitungen zur Herstellung von Heilsalben. Heute nimmt er in der Karwoche an bis zu zweitausend Menschen, die seine Hütte umlagern, Gebetsheilungen vor, zum Teil mit spektakulären Heilerfolgen. Sonja aus Lappland, eine schamanische Trommlerin, die heute in Niederösterreich lebt, führt Frauen mittels Rhythmus durch die sieben Tore zur Selbsterkenntnis und Selbstheilung. Geistheilung boomt. Das heilende Gebet, das schamanische Krafttier, Naturgeister, der Geist der Verstorbenen werden beschworen, ja selbst christliche Heilige und Symbole müssen herhalten! Der folgende Tatsachenbericht ist deshalb gerade heute von höchster Aktualität. Er erzählt die Geschichte von Pater Jaques Verlinde, der über den Hinduismus tatsächlich die Fähigkeit erhielt zu heilen. Als er jedoch zur katholischen Kirche zurückkehrt, wird klar, woher diese Fähigkeit stammte: vom Dämon.

1947 wird **Jaques Verlinde** in Flandern geboren. Er hat eine schöne Kindheit, die er „ganz in der Nähe Jesu" verbringt. Zu seinen liebsten Erinnerungen gehören die Zeiten als Ministrant. Schon mit fünf Jahren darf der kleine Jaques zusammen mit seiner älteren Schwester – das spart Kosten – die Erstkommunion empfangen.
Jaques ist nicht nur bei der Erstkommunion früh dran, sondern auch in seiner Schullaufbahn. So ist er noch keine sechzehn, als er Abitur macht, um mit dem Studium der Naturwissenschaften zu beginnen. Noch vor seinem 21. Geburtstag – er steht knapp vor der Dissertation – kommen all die Probleme der verrückten 60er Jahre auf ihn zu. Den damals gepredigten philosophischen Vorstellungen hat er nichts entgegenzusetzen, insbesondere der Infragestellung aller Institutionen, vor allem auch der religiösen. Erfolgreich wird ihm eingeredet, man müsse alle religiösen Krücken abwerfen, um in der Fülle leben zu können.

Nun traut er sich kaum mehr, sich Gott zu nähern. In der Kirche bleibt er hinter den Säulen stehen, verfolgt das Geschehen nur aus der Entfernung. Es ist für ihn ein echtes Losreißen von der Hand des Herrn, als er eines Sonntags seiner Mutter erklärt, er gehe von nun an nicht mehr in die Messe mit. Kaum hat er das gesagt, flüchtet er in sein Zimmer und weint. Aber aus intellektueller Redlichkeit bleibt er bei seiner Entscheidung.

Jaques Verlinde beendet sein Studium mit Auszeichnung, beginnt mit der Dissertation in analytischer Chemie im Labor für Nuklearchemie und stürzt sich in die Forschung. Er hat eine Vollzeitarbeit in einem Labor, eine interessante Tätigkeit und ist bald auch für Studenten verantwortlich. Doch er merkt, daß ihm die geistige Dimension im Leben fehlt. Also zurück zur Kirche? Unmöglich, da das Christentum rundherum schlechtgemacht wird, während östliche Denkweisen langsam an Boden gewinnen.

Als er einmal ein Plakat mit einem Inder im weißen Sari sieht, beschließt er, sich das anzuschauen. **Von Initiation ist die Rede,** und der junge Wissenschaftler ist neugierig, ob man da tiefe geistige Erfahrungen machen könne. **Die Meditationstechnik,** die vorgestellt wird – sie **soll zu höheren Bewußtseinszuständen führen** – beeindruckt ihn, und er läßt sich auf sie ein. Seinen Urlaub verbringt Verlinde nun bei dem berühmten **Guru Maharishi,** der sein Hauptquartier damals in Spanien hat. Er wird freundlich empfangen, und Maharishi veranlaßt ihn, die **transzendentale Meditationstechnik** noch weiter zu intensivieren, um tiefsitzende Spannungen zu lockern. Er bildet ihn als Leiter von Initiationskursen aus, die zur Verleugnung Jesu führen.

Zurück in Belgien gibt Jaques Kurse in Meditation und führt seine akademischen Arbeiten zu Ende. Seine Dissertation, die er dem Guru widmet, wird 1971 angenommen. Jaques ist damals vierundzwanzig. Und dann ab nach Spanien, wo Verlinde bald zu Privatsekretär des Gurus avanciert. Vier Jahre lang taucht er tief in den Hinduismus ein. Er lernt alles über Theorie und Praxis der Meditation, er beherrscht die Körperhaltungen, Drehungen der Wirbelsäule und die Atemtechnik des Yoga. In diesen Übungen löst sich das individuelle Bewußtsein auf. Durch den Weg ins Innere soll „der Kern der

Person in einer undifferenzierten Leere" aufgelöst werden. Jeder Denkakt wird abgewürgt. Diese Leere, Samadhi genannt, erlebt Verlinde mehrmals während langer Meditationsphasen, eine Erfahrung, die im wiedererlangten Bewußtsein Spuren hinterläßt – eine faszinierende, aber keine Glückserfahrung, eine unermeßliche, letztlich trostlose Leere.

Nicht nur diese Leere löst in ihm Unruhe aus; auf seinen Reisen mit dem Guru erlebt Verlinde immer, daß Sterbende auf der Straße oder Leprakranke, die dringend der Hilfe bedürften, einfach nicht beachtet werden. „Komm, laß ihn, es geht um sein Karma", hört er den Guru sagen. Zuerst ist er wie versteinert, gehorcht aber dann. Man erklärt ihm, diese Menschen seien aufgrund früherer schlechter Taten ins Elend geraten und zahlten nun einen „karmischen Zoll". Wer ihnen hilft, hindert sie daran, im jetzigen Leben ihr schmerzliches Karma zu durchleben. „Jeder ist letztlich selbst auf seinem Weg der Selbstbefreiung", so die Vorstellung. Von Menschen mit einem schweren Karma müsse man sich fernhalten, wenn man über einen bestimmten Grad seiner Evolution hinaus will.

Zweifel stellen sich ein: Sollte das die Wahrheit sein, daß der Mensch nichts ist als „ein Schatten von Realität, der mit seinem Karma kämpft"? Die Unruhe nimmt zu. Ein französischer Naturheiler, ein Christ, ist es, der Jaques die Frage stellt, die sein hinduistisches Universum zum Kippen bringt. Nachdem er von der christlichen Vergangenheit Verlindes gehört hat, fragt er ihn: „Und wer ist Jesus Christus jetzt für Sie?"

Erst jetzt verspürt Verlinde all das Elend seines Lebens, und es ist ihm, als würde Jesus ihn, ohne Vorwurf oder Tadel, fragen: „Wie lange noch willst du mich warten lassen?" Jaques weint Tränen der Reue über seinen Verrat, daß er den verstoßen hat, den er geliebt hatte. Doch dieser war ihm bis ans Ende der Welt gefolgt. Jetzt weiß er, daß er nun klare Verhältnisse schaffen muß. Jesus hat einen Auftrag für ihn.

Vierundzwanzig Stunden später ist er mit einem kleinen Koffer, seinen Papieren und einem Leben, das er neu mit dem Herrn gestalten will, wieder in Europa, in Frankreich. Offen und demütig erzählt er von dem folgenschweren Fehler, den er gleich bei seiner Heimkehr

begeht: „Ich bin zwar ab diesem Zeitpunkt täglich in die Messe, zur Anbetung gegangen, habe auch – wohl eher oberflächlich – gebeichtet, habe Rosenkranz gebetet, aber ich hatte nicht die Demut, in den Schoß der Kirche zurückzukehren, indem ich mich einem Priester wirklich anvertraut hätte. Es war mir unangenehm, von mir zu erzählen, einem Forscher, der Jünger eines Gurus wird und dann zurückkehrt. Was würde ein Priester da sagen?
Ich war mir auch nicht der Tragweite meines Handelns, insbesondere der Initiationsriten, bewußt. Dabei hätte ich in der Kirche die so nötige geistige Heilung erfahren können, um aus dem medialen Zustand, in dem ich mich trotz meiner Umkehr immer noch befand, herauszufinden. So wurde ich eine leichte Beute für eine Sekte, die sich zwar auf den Namen Jesu berief, aber auch von Karma, Energie und Reinkarnation sprach. Das interessierte mich, da befand ich mich auf vertrautem Gebiet."
Ohne es zu wissen, landet Verlinden in einer esoterischen Gruppe von Rosenkreuzern. Schnell erkennen die Verantwortlichen, daß er durch all die Übungen in Indien für okkulte Kräfte offen ist. Sie erklären ihm: „Hör mal, du hast da Gaben von Gott geschenkt bekommen. Du mußt dich in den Dienst deines Nächsten stellen." Kopfschüttelnd erzählt der Pater weiter: „Und ich, gänzlich unbedarft, habe mich auf das eingelassen! Sie haben mir ein Pendel in die Hand gedrückt, und es hat prächtig funktioniert, so gut, daß ich es bald nicht mehr gebraucht habe. Ich sah, was den Menschen fehlte, war also eine Art Hellseher. Und wenn ich jemand die Hand auflegte, fühlte er sich gleich besser. Also war ich auch ein Heiler." Noch erkennt Verlinde nicht, daß da nicht Gott heilt, sondern Heilung durch okkultes Wissen und okkulte Kräfte geschieht. Verlinde fährt fort: „Bald konnte ich die Gedanken der Menschen lesen. Nach kürzester Zeit hatte ich soviel okkulte Fähigkeiten. Was ist da nur los? habe ich mir gedacht. Etwas beunruhigt war ich schon." Verlinde reagiert heftig; mit Geistern will er nichts zu tun haben. Jesus treibt die Dämonen schließlich aus. Der Leiter der Sekte erwidert ihm darauf: „Es geht ja nicht um solche Geister, bei dir geht es um heilende Engel." Und so macht sich Verlinde mit „heilenden Engeln" auf den Weg.

Eines Tages aber verrät sich „der heilende Engel". Verlinde berichtet: „Ich bin auf der Durchreise nach Paris und besuche, wie jeden Tag, eine Messe und nehme an ihr teil. Als aber der Priester den Leib und das Blut Christi emporhebt und spricht: 'Durch Ihn und mit Ihm und in Ihm...', höre ich den 'heilenden Engel' Blasphemien sprechen. Ich bin entsetzt. Gleich nach der Messe gehe ich in die Sakristei und erzähle dem Priester, was mir passiert ist. Er darauf: 'Das wundert mich nicht; ich bin nämlich der Exorzist der Diözese.' Dieses Detail ist wichtig, bin ich doch täglich in die Messe gegangen, aber so etwas hatte sich noch niemals abgespielt. Es war die Autorität, mit der dieser Priester ausgestattet war, die den Dämon gezwungen hat, sich zu erkennen zu geben.
Ich habe sofort verstanden und den Herrn um Vergebung gebeten. **Exorzismen und Befreiungsgebete waren nötig, um freizukommen.** Diese Zeit gehört zu den härtesten meines Lebens. Andrerseits war es auch eine Zeit der Gnade, in der ich innerlich an diesem geistigen Kampf der Finsternis und des Lichts teilhaben durfte." Er legt alle „Gaben" dem Herrn hin und verliert sie schlagartig, was deren Ursprung deutlich macht.
Aus eigener Erfahrung kennt Pater Verlinde, wie gefährlich es ist, den Spiritismus (Magnetismus, Kartenlegen, automatisches Schreiben, Tischerücken, Pendeln...) zu banalisieren, wie es heute üblich ist. Die Geister, die sich in das Leben der Medien, aber auch der sie konsultierenden Menschen einschleichen, erzeugen schwerwiegende spirituelle, seelische und körperliche Probleme. „Hier handelt es sich um eine Art okkulten Vampirismus", warnt er. Die „Heilungen" sind nur Symptomverschiebungen, die oft ärgere Probleme auf anderer Ebene zur Folge haben. Dann helfen nur Befreiungsgebete, um von den Fesseln loszukommen.
Zurück zur Geschichte: Verlinde wendet sich also von allem Okkulten ab und dem Projekt zu, das in seinem Herzen gewachsen ist: Mönch und Priester zu werden. Zehn Jahre lebt er nun in verschiedenen Priesterseminaren und dissertiert in Philosophie über Fragen der Beziehung zwischen Wissenschaft und Glauben. Jedes dieser Jahre ist wichtig für seine innere Heilung. „Es ist eine Sache, befreit zu werden, aber damit das Herz im Innersten heil, damit der Intel-

lekt wieder klar wird, damit das ganze Wesen gesundet, das braucht Zeit. Daß mir diese geschenkt wurde, war wirklich ein Segen." 1983 wird Jaques Verlinde zum Priester geweiht. (Text aus dem „Mitteilungsblatt der Priesterbruderschaft", Mai 2006, Seite 34 ff.)

9. Zur Unterscheidung der Geister

Was ist der Unterschied zwischen einer Heiligen und einer Hexe oder einem Heiligen und einem Zauberer? Zunächst keiner, denn **beide stehen im Bunde mit höheren Mächten!** Beide machen geistliche Übungen, üben einen Kult und „Gottesdienst" ihrem Gott gegenüber, aber beide aus einem anderen Interesse heraus: die Heiligen selbstlos, ohne egoistische Ziele, die anderen aber aus Eigensucht, um Wissen, Macht und Einfluß auf der Welt zu gewinnen. Sie sind in ihren irdischen Begierden unabgetötet und benützen okkultes Wissen zur Durchsetzung ihres Willens und belegen ihre Feinde mit Fluch. Die einen wollen nur, was Gott will (und was dem Eigenwillen meist entgegengesetzt ist) und üben die Liebe auch ihren Feinden gegenüber, die sie segnen. An Kreuzesliebe und Feindesliebe sind die Jünger Jesu erkennbar, an Lebens- und Genußliebe die Freunde des Teufels.

Allein ist der Mensch nicht in der Lage, Großes zu leisten. Er muß sich an eine höhere Intelligenz anschließen. Im Reich des Geistes gibt es aber nicht nur eine Quelle, vielmehr bieten sich zwei an. Jeder Mensch ist frei und kann wählen: rechts oder links, Gott oder Teufel. Alle Großen hingen an einem von beiden.

Satans Intelligenz ist zwar seit dem Fall im übernatürlichen (göttlichen) Bereich verfinstert, wie der Mensch seit seinem Fall im Paradies, aber **auf natürlichem Gebiet wie der materiellen Welt ist Satan eine Intelligenz ohne Irrtum.** Er ist, soweit Gott es zuläßt, Herr dieser Welt (Lk 4,6). Er überblickt alle Naturgesetze mit sämtlichen Wirkungen und Folgen bis zum Ende mit einem Blick. In diesem Sinn ist er der größte Datenspeicher, und wer an ihn angeschlossen ist, hat teil an diesem Wissen kausaler Ursachen. Diese Tatsache hat immer wieder viele verlockt, den Teufel zu suchen statt Gott. Auch heute gibt es „Geistsucher“ aller Schattierungen, die an den Teufel glauben und ihn als Bruder bezeichnen (Anthroposophen, Theosophen...). Sie erlangen okkultes Wissen, das sie häufig grob mißbrauchen: echte Hexen! Wer von einer solchen einmal jahrelang aus der Ferne mit Strahlung traktiert worden ist und andere Opfer solcher Hellseherinnen und Okkultisten kennengelernt hat, kann ein Lied davon singen.

Zuweilen weissagt das Medium und teilt Dinge mit, die sich dann tatsächlich ereignen, oder es weiß, was gleichzeitig in der Ferne geschieht (das sogenannte Hellsehen); oder es spricht oder schreibt in fremden, ihm ganz unbekannten Sprachen; oder es schreibt mit rasender Schnelligkeit in wenigen Augenblicken ganze Bogen voll. Solche Spiritisten sind meist auf eine bestimmte Art vom Teufel besessen und fühlen in der Ferne alles, was man gegen Satan unternimmt, als ob es gegen sie selbst gerichtet wäre (vgl. Rodewyk, Band 2, S. 229; Dr. Koch: Magie und ihre Folgen, 48 Seiten). Sie fühlen sich persönlich angegriffen und antworten als Kinder des Teufels mit Magie. Hunderte von solchen Beispielen, wie Leute durch Heilpraktiker und Wahrsager in des Teufels Stricke gerieten, bietet Dr. Kurt Koch in seinen Schriften und Büchern über okkulte Behaftung („Seelsorge und Okkultismus“).

Leute, hütet euch vor Orakeln und Heilpraktikern, vor Spiritisten und Medien! Hütet euch, in die Netze falscher „Geisteslehrer“ zu geraten! Jesus und seine Jünger hatten den Hokuspokus (z.B. der Heil-Magnetiseure) nicht nötig: Jesus heilte durch sein Wort. Im Namen Jesus allein ist Heil!

Einige Kennzeichen

des teuflischen Geistes, die dem göttlichen schnurgerade entgegengesetzt und für seine Anhänger charakteristisch sind:

1. Der böse Geist bewirkt **Unruhe, Verwirrung, Furcht,** Niedergedrücktheit, grobe Beunruhigung. (Gott dagegen verleiht Friede, Ruhe, Klarheit.)
2. Er bewirkt außerdem offenbaren **Stolz oder falsche Demut.** Er verkehrt jede Tugend durch Über- oder Untertreibung. Selbstge-

fälligkeit und Prahlsucht schürt er, Liebe zu auffälligen und außerordentlichen Dingen. Der Hochmütige erträgt keinen Tadel und schiebt Fehler immer auf andere.

3. Versuchte leiden an Verzweiflung oder falscher Sicherheit, an Mißtrauen und Mutlosigkeit. Sie haben niemals wahres Vertrauen auf Gott und seine Barmherzigkeit.
4. Verhärteter Wille und Ungehorsam. Man hält sich selbst für klug.
5. Ungeduld zur Zeit des Leidens oder Kummers. Kein „Fiat!“ (Dein Wille geschehe!).
6. Aufwühlen aller Leidenschaften: Der böse Geist setzt die Leidenschaften in Bewegung, um die Seele zu verwirren, bedrängt den freien Willen und liebt das Laster: Schamlosigkeit und Stolz. Alle Werke werden aus Eitelkeit verrichtet, nicht aus Liebe.
7. Verheimlichung, Falschheit und Verstellung: Der Betroffene verheimlicht sein Inneres auch vor dem geistlichen Vater, um nicht getadelt, sondern gelobt und beachtet zu werden. Der Teufel und seine Lehre wollen nicht offen aufgedeckt werden. Darum gibt es die Geheimgesellschaften!
8. Falsche Liebe, falscher Eifer: Das rechte Maß wird immer über- oder unterschritten. Wahre Liebe sucht das Wohl des anderen, nicht sich selbst (1 Kor 13) und ist milde. Belials Kinder sind hart im Urteil über andere und nur gegen sich selber mild.
9. Anhänglichkeit an Tröstungen und Genuß: Die Betroffenen sind Sklaven der Sinnenlust. Statt Selbstverleugnung üben sie eine Art geistlicher Selbstbefriedigung. Sie erstreben Gesundheit, Wissen und Macht auf dieser Welt. Das Kreuz im Alltag hassen sie. Wenn geistige Tröstung ununterbrochen andauert, ist das ein Anzeichen des falschen Geistes.
10. Abneigung gegen den Geist Jesu, gegen die Art, wie ER auf Erden lebte und wirkte, also auch gegen Armut und Leiden. Der Teufel zeigt seinen Anhängern nur wonnige Höhen, ohne den notwendigen schmalen Weg des Kreuzes und der Buße, der seit der Erbsünde allein zur Auferstehung führt.

Soviel schreitet einer im geistlichen Leben voran, als er ausgeht
aus seiner Eigenliebe,
aus seinem Eigenwillen,
aus seinem Eigennutz!

NICHTS BEGEHREN UND NICHTS VERWEIGERN !

Echte und falsche Mystik

Mystik ist Erkenntnis Gottes durch Erfahrung, ist Verbindung mit Gott in Jesus, dem einen Weg. Sie ist Gnadenstand: Durch Reue und Umkehr, durch Demut und Liebe wird die Seele ein Tempel des Heiligen Geistes (1 Kor 6,19). Ohne den Hl. Geist ist der Mensch blind und in Finsternis. Willst du sehend werden und Einsicht gewinnen, mußt du dich dem Hl. Geiste öffnen, indem du die Sünde meidest und ein Freund Gottes wirst, durch Nachfolge Christi. Rechttun führt zum Licht und zur Wahrheit (Joh 7,17) _ dieser Weg ist aber eng und beschwerlich, ein Weg des Kreuzes und der Entsagung. Er verlangt innerliche Loslösung von der Welt und ihrer Lust und Hinwendung zu Jesus.
Gott läßt jedem den freien Willen. Er drängt nicht so ungestüm wie der Teufel. Echte Ekstase bleibt bewußt (nicht Trance!) und ist Teilnahme am Wesen der guten Engel. Gott ist und bleibt der ganz Andere und unendlich Größere. Er ist der Schöpfer auch der Seele des Menschen, und es bleibt das Gegenüber von Ich und Du erhalten in Ewigkeit. Es geschieht keine Auflösung des Ichs (des Individuums) und keine Verschmelzung, wie die Gnostiker sie lehren. Demut, Ehrfurcht und Anbetung Gottes werden in Ewigkeit bleiben: liebende Zwiesprache.
Es muß wiederholt werden: Echte Mystik und rechte Gotteserkenntnis sind nicht möglich ohne die Befolgung aller Gebote ohne Ausnahme (Dtn 5,6; Jak 2,10). **Echte Mystiker sind sich des Sündenfalls bewußt und halten an der Menschwerdung des Gottessohnes Jesus fest und an der Erlösung durch ihn allein.** In keinem anderen ist Zugang zum Vater. Wer das leugnet, hat seine Er-

leuchtung von unten, von der falschen Quelle, und ist ein Antichrist (1 Joh 1,8). Solche „Heilige“ mit falschen Offenbarungen überschwemmen derzeit Europa und Amerika.

Falsche Mystik

und Pseudomystik ist Teilnahme am Wesen der gefallenen Engel, der Dämonen. Diese geben sich gerne als Gott (oder Götter) aus und lassen sich anbeten und sich dienen (Mt 4,8-11). **Satan gibt sich häufig als Licht (2 Kor 11,14) und als guter Engel aus.** Die Erleuchtung der falschen Propheten und der Zen- und Yoga-Anhänger ist fast durchweg von diesem falschen Licht, weil sie durch Techniken und durch Selbsterlösung durch die falsche Türe einzutreten versuchen. Sie erleben sich mit Kosmos und „Gott“ eins und vermögen Erschaffer und Erschaffenes nicht zu unterscheiden (Weish 13,1-9). Falsche Mystik führt statt zur Ekstase zur Enstase (in sich selbst hinein) und zur Trance. Ego- und Selbst-Entwicklung führen zur Nabelschau und zum Stolz der Selbstverherrlichung: „Ich bin Gott, bin Teil von Gottes Wesen“.

Bei diesen falschen Mysten gibt es Meditationen und Betrachtung (Schau), aber kein Gebet und keine Zwiesprache mit Gott. Denn **ihre höchste Erleuchtung ist die Erkenntnis: „Ich bin ein Teil von Gott und kehre in ihn zurück,** gleichwie ein Wassertropfen wieder in den Ozean zurückkehrt und mit ihm eins wird, gleichen Wesens und gleicher Natur. Gebet wäre also nur Selbstgespräch und daher wertlos. Sünde gibt es nicht, nur Karma; jeder büßt die Fehler ab, die er selbst verursacht hat. Erlöser und Erlösung braucht es nicht.“ – Sie wollen nur Gott direkt.

Durch diese verkehrte Auffassung von Gott und Welt kommt es zur Verdrehung der Aussagen des Evangeliums mittels einer scheinbar höheren Erkenntnis (Gnosis). Diese führt auf falschen Wegen direkt dem falschen Licht entgegen. Es kommt zu einer okkulten Behaftung oder Medialität, wie es Dr. Kurt Koch nennt, zu einer „kultivierten Besessenheit“. Solche Menschen erlangen Hellsehen, Heilungskräfte und andere Fähigkeiten, wie wir sie bei den Besessenen kennengelernt haben. Diese „ruhige Besessenheit“ wird durch die

„Einweihung“ in die „Geheimwissenschaften“ vermittelt und verläuft deshalb ruhiger, weil der „Eingeweihte“ sie selbst gewollt und sich ihr freiwillig ausgeliefert hat, während andere Besessene sich dagegen sträuben und so Anfälle provozieren.
Die Anhänger östlicher Erleuchtungslehren öffnen sich also unbewußt oder bewußt einem falschen Licht, weil sie die falsche Tür eigenwillig öffnen, die dem Menschen seit dem Sündenfall verschlossen ist. Es kommt zum Schauen und zu Wunderkräften. Wer zu solchen Heilern geht, kommt unter den Einfluß Satans! Auch Akupunktur ist in den meisten Fällen ein mediales Heilen. Sie wirkt nicht bei betenden, gläubigen Christen, die sich ganz an Jesus ausliefern, sondern nur bei medial belasteten Menschen und hinterläßt Medialität, eine Öffnung und Geneigtheit für jene Richtungen. (Mehr darüber bei A. Mertensacker und Dr. Koch)

War Teilhard de Chardin besessen?

Dies scheint der Fall gewesen zu sein; jedenfalls ereignete sich 1950 folgendes: Teilhard hatte der Presse sein Buch „L' Evolution progressive“ überreicht. Zwei bedeutende Wissenschaftler parodierten den Titel als „L' Evolution regressive“. In der Folge erbaten sie sich ein Interview, um mit Teilhard die entgegengesetzten Positionen zu diskutieren. Da aber einer der Wissenschaftler vermutete, Teilhard könne besessen sein, nahm er ein Fläschchen Weihwasser mit. Im Studio des Paters antwortete dieser freundlich, aber sichtlich aufgeregt auf die Fragen der beiden. Nach kurzer Zeit klingelte im Nebenzimmer das Telefon, sodaß Teilhard das Studio verlassen mußte. Der mit Weihwasser bewaffnete Herr benutzte die Abwesenheit, um das Studio mit Weihwasser zu besprengen. Als Teilhard zurückkam, wurde er wie vom Schlag getroffen feuerrot. Sein Körper versteifte sich, und er forderte die beiden sogleich auf, das Studio zu verlassen, indem er ausrief, die Unterredung sei beendet. (Aus: Chiesa viva, April 1977, S. 12).

Adepten, Asketen und Yogis

Vor dreißig Jahren hat in England kaum einer etwas von Hinduismus, Buddhismus, Zen oder Yoga gewußt oder erfahren. Durch einseitige Überbewertung von Intellekt und Rationalität und durch die Leugnung alles Übernatürlichen im Westen wurde der Boden bereitet für das „Licht aus dem Osten“.

Asien missioniert das Abendland und kommt gut an. Viele suchen den ersten Kontakt nur, um gesünder oder konzentrierter zu werden, um mehr Erfolg in Schule und Geschäft zu haben. Viele kommen über Hatha-Yoga (ein paar körperliche Entspannungsübungen) nie hinaus, denn um höhere Stufen zu erklimmen und ein Erleuchteter zu werden, ist doch eine große Umstellung und Hingabe nötig, zu der das Abendland nicht der richtige Boden zu sein scheint.

Seit Vivekananda haben viele Inder den Westen bereist und die Wundersüchtigen neugierig gemacht, zuletzt Mahesh Maharishi Yogi mit seiner Transzendentalen Meditation. Verinnerlichung und Besinnung ist gut, wenn sich aber die Meditierenden mit nichtssagenden Inhalten oder gar unchristlichen Ideen füttern lassen, so wird es bereits bedenklich und durch gewisse Erleuchtungs-Techniken sogar gefährlich, obwohl es so harmlos aussieht.

Sehr große Faszination übte der Guru Paramahansa Yogananda mit seiner „Selbstbiographie eines Yogi“ aus. Wer das Buch liest, ist entzückt und begeistert: Ein „Vollkommener“ und „Heiliger“, meint der unbefangene Leser. Mystik, Wundertaten, Dematerialisationen, vollkommene Körperbeherrschung und zeitlose Abgeklärtheit legen einen Vergleich mit Jesus nahe. In solchen Adepten und ihren Meditationslehren meint die westliche Jugend die wahren Führer zur Selbst-Vervollkommnung zu finden.

Wer wenig oder gar keine Erfahrung mit Okkultismus und Magie, mit Medien und Spiritismus hat, geht solchen Wundertätern oft geradewegs auf den Leim. Und der Leim hält! In den ersten Jahrhunderten des Christentums hatten die Apostel und Kirchenväter sich mit genau denselben Wundertätern der Heidenwelt auseinanderzusetzen. In der Apostelgeschichte lesen wir von Magiern und Zauberern, von Leuten mit einem Wahrsagegeist, der von Paulus ausgetrieben wurde (Apg 16,16) und von der Macht des Namens Jesus gegen die Okkulttäter. Ja, heutzutage leben die Astrologen, die Wahrsager und Orakel, die Zauberer und Wunderheiler des Teufels wieder auf wie zur Blütezeit des Heidentums. Durch diese wird dem Antichristen der Weg geebnet; sie infizieren viele mit dämonischer Gebundenheit und der Sünde der Zauberei, sodaß sich Blindheit und Finsternis rasant ausbreiten. Das Christentum existiert nur äußerlich als Schein-Hülle weiter, ist aber längst ausgehöhlt und hat seine innere Glaubenskraft verloren. Die Theologen selbst leugnen den Teufel und seine „Wunderkräfte" und geben sich aufgeklärt erhaben über die „veralteten biblischen Aussagen". **Der Teufel will verborgen und unerkannt arbeiten, und die modernen Gelehrten helfen ihm dabei,** sich unter Wissenschaft und Naturkräften zu tarnen. Eines Tages, wenn die Masken fallen, wird es für viele ein jähes Erwachen geben.

Ein paar Absätze aus: Walter Schäble, *„Das magische Zeitalter"* (S. 103 ff.): „Der Durchschnittseuropäer mag wohl ungläubig das Haupt schütteln, wenn man ihm erzählt, daß der Schüler eines großen Yogi, der den Auftrag hatte, den Meister zu einer bestimmten Stunde am Bahnhof abzuholen, von diesem, der hundert Kilometer entfernt war, telepathisch die Weisung erhielt, ihn zu späterer Stunde zu treffen, da er den Zug verpaßt habe. Oder ein anderer Vorgang: Mitten in der Nacht weckt der Meister seine Schüler mit den Worten: 'Wir müssen eine Mahlzeit vorbereiten, denn wir bekommen binnen kurzem den Besuch einer Schülergruppe.' Diese telepathische Voraussicht hat sich in jedem Fall als richtig herausgestellt. Derselbe Meister konnte mit unfehlbarer Sicherheit den bevorstehenden Ausbruch von Krankheiten, ihren Verlauf und Ausgang (Tod oder Heilung) voraussagen. Manche Yogis haben nachgewiesenermaßen die Fähigkeit besessen, Menschen, die nicht zu ihrem Schülerkreis gehörten und mit denen sie nicht in Berührung kamen, fernwirkend zu bestimmten Handlungen zu veranlassen.

Wir müssen uns mehr, als dies bisher der Fall war, mit der Lehre und den Leistungen der Yogis auseinandersetzen. Bis vor einem halben Jahrhundert war dieser Bereich dem westlichen Menschen unter dem Begriff 'indische Geheimwissenschaft' verborgen. Wer auf dem Ge-

biet des Wahrsagens, Hellsehens, der Zauberei, Magie und des Spiritismus einige Erfahrungen besitzt, kennt diese Fähigkeiten. Jeder bibelgläubige Christ weiß, was er von solchen 'Grenz- und Geheimwissenschaften' zu halten hat. Dabei geht es um nicht mehr oder weniger als um den Versuch der dämonischen Geister, mit den wiedererwachenden Kräften das alten Heidentums das Abendland zu besetzen! Nach der Schrift muß ja der große Abfall vom wahren Gottesglauben erfolgen. Wir sollten uns aber darüber klar sein, daß die Entwicklung zunächst keineswegs in einen offenen atheistischen Abfall der Massen hineinführt, vielmehr wird die Kulturwelt von den 'verführerischen Geistern und Lehren der Teufel' im Sinne eines falschchristlichen Prophetentums verblendet werden.
Die Gottlosigkeit hat jedenfalls bis auf weiteres in der westlichen Hemisphäre politisch ausgespielt, und nun durchweht ein seltsam religiöser Wind- und Wunderzug das Land. Ja, sogar die Naturwissenschaft nähert sich der 'Religion'. Die Kluft zwischen Wissen und Glauben, Natur und Gnade, Erde und Himmel wird durch Inanspruchnahme 'mystischer' Kräfte geschlossen. Yoga ist nur e i n e Abart der Strömungen, die in den christlichen Raum eindringen. Das geschieht ohne viel Aufhebens. Es braucht dabei gar nicht unbedingt eine Abkehr vom christlichen Bekenntnis mitgemacht zu werden. Und doch sind es Ströme und Wirkungen, die nicht von oben, sondern von unten eingegeben sind: spiritistische Phänomene im Gewand christlicher Lebensformen, christlicher Zeichen und Gebräuche."

Nach dem Zeugnis des Alten wie auch des Neuen Testaments kommen wir Gott nur durch Buße und durch Glauben näher, nicht aber durch Techniken und durch Selbsterlösung. Alle Meditationen und Versenkungskünste führen nur zum falschen Licht des Teufels, wenn sie nicht von Buße, Reue und Umkehr im Geiste Christi begleitet sind.

Daß jene „Geisteslehrer" vom falschen Geist beseelt sind und von unten ihre Wunderkräfte haben, zeigt sich allein in der Irrlehre der Wiedergeburt (Reinkarnation). Von allen diesen Lehrern wird „Höherentwicklung" des Menschen durch mehrere Erdenleben oder im Jenseits gelehrt. Diese Lehre steht in unüberwindlichem Gegensatz zur Lehre der Hl. Schrift. Es gibt nur ein Entweder – Oder. Nach jenen Lehren ist Jesus nichts weiter als ein hoch entwickelter Yoga-Guru oder ein Medium. Alle Menschen werden erlöst werden. Wenn es Teufel gibt, so werden auch diese erlöst und dem Licht zugeführt werden. Eine ewige Hölle gibt es nicht.

Nach der Lehre der Hl. Schrift jedoch gibt es nur ein Erdenleben für den Menschen, eine Prüfungszeit, in der er sich unwiderruflich entscheidet: beim Tode ein- für allemal für oder gegen Christus. Im Abendland ist Zeit knapp und unwiederbringlich, im Osten ist Zeit in Fülle vorhanden und wertlos; man verkörpert sich eben sooft wie nötig.

Du meinst nun vielleicht, die Offenbarungen dieser Medien und Spiritistengeister seien doch so schön; ein böser Geist und gefallener Engel könne doch nicht ein ganzes Buch lang Liebe und gute Taten predigen, wenngleich du zugeben mußt, daß in jenen Büchern nirgends etwas über die Gefahr der Hölle oder über Sünde geschrieben steht. Ich stelle aber eine Gegenfrage: Angenommen, es gibt eine Hölle, jedoch keine Wiedergeburt im Fleische, und man kann sein einmaliges Erdenleben nicht beliebig wiederholen, sondern entscheidet sich mit dem Tod unwiderruflich für oder gegen einen persönlichen Gott, so hat doch der Teufel, als wunderschöner Lichtengel verkleidet, alles erreicht, wenn es ihm gelingt, einen Menschen zu überzeugen, daß es keine Sünde und keine Hölle gibt, sodaß er nicht bereut und so hineinfällt in die Gottesferne! Mehr als das will der Teufel ja gar nicht erreichen!

Genau das erreicht er, indem er ein ganzes Buch lang über das Wahre und Schöne des Jenseits berichtet. Die Sache hat nur einen Haken: Wir sollen nichts bereuen. Wir sollen nicht glauben, daß Christus der eine Mittler ist, durch dessen Kreuz und Blut uns Erlösung und Heil wird, sondern meinen, wir könnten uns selbst erlösen, durch unser eigenes Tun! – Ahnst du, worauf das hinausläuft? Wenn ein Kamel in der Wüste einer Fata Morgana nachläuft, anstatt die nächste Oase aufzusuchen, so wird es in der Wüste verdursten. Das genügt dem Teufel: der Tod des Kamels. Um dieses Ziel zu erreichen, gaukelt er ihm eine Oase mit köstlichem Futter vor und führt es immer weiter in die wasserlose Wüste.

Der Satan oder Teufel ist nicht plump oder schwarz mit Hörnern, das wäre zu einfach. Er erscheint sehr schön und einladend geistreich, ein Verführer durch und durch. So bietet er also auch ein ganzes Buch voll schöner frommer Predigten. Er predigt „Liebe" und „gute Taten" und vieles Schöne, nur mit dem einen Haken, daß ein paar tödliche Gifttropfen untergemischt sind. Und diese tun ihre Wirkung todsicher! Das genügt ihm. Hier gilt eben auch das Sprichwort: Mit Speck fängt man Mäuse.
Grob und plump verführt der Dämon nur Anfänger, die noch blind auf alles hereinfallen. Die gewitzteren Leutchen und Fortgeschrittenen fängt er mit anfänglich guten Lehren. Ja, er zitiert sogar sehr gewandt die Bibel, so wie alle Sekten. So predigt er zuerst nur Wahrheit. Durch diesen harmlosen Anfang gewinnt er das Vertrauen, bis man ihm aus der Hand frißt, und dann mischt er geschickt ein paar Tropfen tödliches Gift darunter, das seine Wirkung nicht verfehlt. Das Opfer ist tot, das Manöver gelungen.
Durch Stolz und Ungehorsam ist der Satan von Gott abgefallen. Er will auch uns Menschen dazu verleiten, uns ewig von Gott zu trennen. Durch falsche Jenseits- und Erlösungslehren (Gnosis) gelingt dies oft, und die asiatischen Yogis und „Erkenntnislehrer" bereiten ihm den Weg.

Mediale Veranlagung

Immer mehr Menschen entdecken an sich mediale Anzeichen: Vorausahnungen, telepathische Fähigkeiten, Hellsehen usw. Viele meinen, hier handle es sich um natürliche Anlagen, die man dankbar gebrauchen dürfe. Wer aber etwas mehr hinter die Kulissen schaut, erkennt bald, daß die Wunder bei den Heiligen anders zustande kommen als jene bei den Okkultisten in religiösem Gewand. Wundergaben sind kein Kennzeichen zur Unterscheidung der Geister, kein Beweis für eine Gottesgabe. Die Zauberer des Pharao haben genau dieselben Wunder gewirkt wie Moses (2 Moses = Exodus 7,11; 7,22; 8,3). An den Wunderkräften sind die Diener des Teufels und die Diener Gottes nur äußerst schwer unterscheidbar, obwohl ihre Kräfte aus ganz entgegengesetzten Quellen fließen.

Tatsache ist, daß diese medialen Gaben und Fähigkeiten immer in irgendeinem Zusammenhang mit Übertretungen der Gebote Gottes, mit Sünden der Zauberei, Spiritismus, Gesundbeterei und dergleichen auftreten und daß sie bei ernsthafter Hinwendung zu Jesus verschwinden.

Dr. Kurt Koch, der wohl am meisten Erfahrung auf diesem Gebiet hat, nennt das Ganze „okkulte Behaftung" und „Medialität" im Sinne einer Belastung. Ich als katholischer Priester habe, schon bevor ich von ihm hörte, die gleichen Erfahrungen gemacht und war dann höchst erfreut, meine Ansichten in seinen ausgezeichneten Büchern bestätigt zu finden. (Er hat als evangelischer Pfarrer nur in einigen dogmatischen Punkten – Beichtsakrament, Heiligenverehrung u.a. – naturgemäß eine andere Anschauung.)

Um welche Sünden handelt es sich? Bei Zauberei, Abgötterei, Aberglauben und Gesundbeterei haben wir es mit Götzendienst als Greuel vor Gott zu tun, weil dabei Gottes Gebot und seine Weisung mißachtet werden und **Hilfe bewußt oder unbewußt von einer anderen Kraft gesucht und erhalten wird.** Wenn ich auf etwas mein Vertrauen setze und davon Hilfe und Kraft erwarte und mich ihm zuwende, so ist das mein Götze. Ein moderner Götze ist Geld (Mammon). Mit Geld kann man heutzutage alles erreichen, man kann darauf vertrauen und bauen, und es hilft. Und genauso ist es mit anderen Götzen. Wo Gott nicht hilft (wegen Sünde und unerlaubter Ansinnen), da hilft der Teufel, und er kann allerlei, vor allem auf dem Gebiet der Gesundheit!

Auf keinem Gebiet der Religion herrscht soviel Unkenntnis und Unwissenheit wie auf dem des Aberglaubens und der Abgötterei. Das ist das Gebiet der ersten drei Gebote: rechte und falsche Gottesverehrung! Falsche Meinungen und Unglauben führen von Gott weg, zum Gegen- oder Aberglauben, zum Abgott (Gegengott). Wenn ich von einem Gegenstand Hilfe und Heil erwarte, die er seiner Natur nach (als Metallstück) nicht hat, so vertraue ich dem Geschaffenen, nicht dem einen Gott. Ich begehe dadurch eine Sünde, verübe einen Greuel und öffne dem Gegengott Tür und Tor. Worauf einer sein Vertrauen und seine Hoffnung setzt, dem nähert er sich an und ergibt sich ihm.

Die Hl. Schrift sagt eindeutig: Der Herr, dein Gott, ist ein eifersüchtiger Gott. **„Du sollst keine anderen Götter neben mir haben.** Du sollst dir kein geschnitztes Bild machen, kein Abbild... Du sollst dich nicht vor diesen Bildern niederwerfen und sie nicht verehren; denn ich, Jahwe, bin ein eifernder Gott, der die Schuld der Väter ahndet an den Kindern, Enkeln und Urenkeln... Du sollst den Namen Gottes nicht zu Frevlem mißbrauchen; denn der Herr läßt den nicht ungestraft, der seinen Namen zu Frevlem mißbraucht. Halte den Sabbattag..." (Dtn 5,6-21; vgl. Ex 20,2-7).

Der Mensch verläßt die wahre Gottesverehrung und verbindet sich durch falsche Handlungsweisen, durch geistige Buhlerei (Hurerei) und Sünde (d.h. Abfall von Gott) **mit dem Fürsten dieser Welt.** „Wer Sünde tut, ist der Sünde Knecht!" (Joh 8,34; Röm 6,16). Der Mensch liefert sich gewöhnlich unbewußt (!) den finsteren Mächten aus, woraus der „Bann", die Gebundenheiten und die Besessenheit folgen. Wer sein Herz der Lüge Satans und den (asiatischen) Teufelslehren der Dämonen öffnet, gerät unter ihre Zwangsherrschaft (1 Tim 4). Deshalb ist allein schon das Lesen solcher Bücher und intensive Beschäftigung mit ihnen so gefährlich. Deshalb ist das Lesen und Hören des Wortes Gottes auch so heilsam.

Ob zum Spaß oder im Ernst macht auf diesem Gebiet keinen Unterschied! Viele meinen, nur aus Neugier könne doch nicht schaden: „Ich habe es ja nur aus Ulk und unbewußt getan!" Wer unwissend eine Leitung unter Hochspannung berührt, fällt tot um, und wer unwissend in eine Falle hineingeht, wird genauso gefangen, als ob er es wissend täte. So herrscht auch auf geistigem Gebiet die harte Realität: Da gibt es kein „nur aus Neugier" oder „nur zum Spaß"; die Folgen treten trotzdem ein. Wer sich auf dem Gebiet des Okkultismus helfen läßt (durch Gesundbeter, Heilpraktiker) wird dadurch behaftet, „okkult belastet", und kommt nicht mit weißer Weste davon. (Wer mit weißen Kleidern durch ein Kohlenbergwerk ginge, käme auch nicht weiß heraus.)

Ich kenne einen, der sich intensiv mit Yoga abgegeben und dann Anthroposophie (und Theosophie, Rosenkreuzerei usw.) studiert hat. Ein Jahr Umgang damit hat sein Leben schwer gezeichnet und unter einen Bann gebracht. Solang er bei ihnen war, genoß er den himm-

lischen Frieden der Sekten, die der Teufel in Ruhe läßt, weil sie ihm ohnehin schon gehören. Aber der Ausbruch aus jener Welt bringt die Dämonen auf die Barrikaden. Turbulent wird es erst, wenn sich einer von solchen Geheimwissenschaftlern trennt und wirklich zu Christus hinwendet! Erst dann rührt sich der Teufel. **Jene Eingeweihten sind durchweg medial und oft regelrecht Besessene.** All diese esoterischen Lehren sind praktizierter Spiritismus und Okkultismus. (Mehr darüber bei Adelgunde Mertensacker!)
Abgötterei, Aberglauben und Zauberei sind überall da, wo Menschen ihre Hilfe und Zuflucht nicht mehr bei dem lebendigen Gott suchen, sondern bei selbsterwählten Helfern und Praktiken. Wo immer einer sein Vertrauen auf irgend etwas anderes setzt als allein auf den wahren Gott und Jesus Christus, geht er geradewegs von Gott zu den Mächten der Finsternis, zum Fürsten dieser Welt (Mt 4,4) und erbittet und erhält von diesen Hilfe, allerdings eine mit Widerhaken! Denn von jenen Mächten kommt einer sehr schwer los; sie schlagen ihn in Bann und fesseln ihn, sodaß er am Wort Gottes keine Freude mehr hat und allem echt Religiösen gleichgültig und widerwillig gegenübersteht.

Vor mir liegt ein ausgezeichnetes Buch von J. von Bonniot: „Wunder und Scheinwunder" (aus dem Französischen), in dem auf 450 Seiten viele Beispiele von Wundern des frühen Heidentums gesammelt sind, Wunder der damaligen Zauberer und Gnostiker sowie ihrer heutigen Nachkommen in Spiritismus, Magnetismus, Okkultismus usw. Gott und die Seinen wirken Wunder; der Teufel und die Seinen wirken frappant ähnliche Wunder (fälschlich „Scheinwunder" genannt).
Bonniot schreibt (S. 102 ff.): „Wir haben gesehen, daß der Teufel, um sich in der sichtbaren Welt zu betätigen, von welcher er durch seine Geistnatur ausgeschlossen ist, immer einer Vermittlung bedarf, welche ihm die Türe öffnet. Der Schlüssel dieser Türe ist die Freiheit des Menschen (zur Sünde, die Gottes Zulassung bewirkt). **Deshalb erfordern die Kundgebungen der Macht des Bösen gewöhnlich die Mitwirkung eines Mediums, einer Mittelsperson"** (Balducci: „Magier" S. 236). Deshalb sind auch bei PSI-Experimenten immer medial behaftete Personen nötig. Der Spuk in Rosenheim, fliegende

Gegenstände usw. sind nur möglich bei Anwesenheit gewisser Personen (Medien). Frappant wird das ersichtlich bei den „sprechenden Pflanzen“ (Tompkins: „Das geheime Leben der Pflanzen“, S. 36, 48, 52), die nur reagieren, wenn mediale Personen experimentieren, nicht aber bei unbelasteten Gläubigen. Diese Pflanzen werden eindeutig durch Geister bewegt, die raum- und zeitlos wirken, auch auf größte Distanz. Experimente ohne gewissen Mittelspersonen (Okkultisten) verliefen immer negativ. Es handelt sich also eindeutig nicht um Naturphänomene oder -kräfte, sondern um Geisterwirken. Da ist eine durchgreifende Aufklärung über die Zusammenhänge und Folgen nötig, durch schonungsloses Aufdecken.“

Bonniot schreibt auch: „Die freie Handlung eines Menschen, welche eine so merkwürdige Wirkung hat und den Geistern Tür und Tor öffnet, nimmt zwei Formen an: 1. Das Medium hat das volle und ganze Bewußtsein dessen, was es tut, und weiß, an wen es sich wendet, was es von dem Betreffenden verlangen will und dafür verspricht (so z.B. beim Teufelspakt der Anthroposophen, die „Oben und Unten“ miteinander verbinden wollen).

2. Die andere Form ist immer mit Unwissenheit vermischt: Die dem bösen Feind gewährte Zulassung ist stillschweigend (durch die Sünde) einbegriffen. Der Wille des Mediums richtet sich im allgemeinen an eine Macht, welche ihm das zu geben verspricht, was es wünscht, ohne unmittelbar den Fürsten des Bösen anzurufen, aber auch ohne ihn förmlich auszuschließen. Es will, daß sein Wunsch und Verlangen erfüllt werde, unbekümmert durch welches Mittel! In der kirchlichen Sprache nennt man das Aberglaube (Ab-Glaube).

Aberglaube liegt jedesmal vor, wenn man von etwas eine Wirkung verlangt, die hervorzubringen nicht in dessen Natur liegt, z.B. Antworten von einem Stein. Dabei wird durch geistige Blindheit oder falsche Meinung (über die Naturkräfte) verhindert, daß Menschen die unbedingte Unfähigkeit des Steines klar erkennen. Man denkt einfach: „Ich will diese Wirkung, was auch immer die Ursache davon sein möge“, und **Gott läßt auf solch freventliches Verlangen die Wirkung des Teufels zu,** dem die Türe geöffnet wird: durch den Zauberspruch, durch Gegenstände, eine zeichenhafte Handlung oder eine virtuelle Beschwörung.

Es ist wichtig zu wissen, daß jene Beschwörung in einem „Gebet“ enthalten sein kann, da sich nach Form und Absicht an Gott zu richten scheint. Das Gebet ist dann sündhaft, weil es aus einer freiwillig schlechten Gesinnung des Geistes hervorgeht, z.B. aus Stolz, etwas zu verlangen, was einem nicht zusteht.
Die Göttergeschichten der Heiden und ihre Götter glänzen durch Macht und Sündhaftigkeit. Mächtig und lasterhaft ist auch der Teufel. Hieraus ergibt sich, daß der Heide, wenn er seine Götter anrief, keineswegs den wahren, heiligen Gott verehrte, sondern in Wirklichkeit die bösen Geister (Ps 95,5; Dtn 32,17). Das Heidentum war die allgemeine, wenn auch nicht ausdrückliche Verehrung der bösen Geister, und seine Wunder und Orakel sind nur so erklärbar.“

Auch die Ketzer und Freimaurer mögen meinen, ihr Wünschen richte sich an Gott, aber ihr durch selbstverschuldeten Irrtum verdorbenes Gebet wird unterwegs aufgehalten und von dem weggenommen, dessen Natur dem Gott ihres Geistes entspricht, und dieser Gott der Empörung und des Abfalls erhört sie, während der wahre Gott der Ordnung und des Friedens antwortet: „Ich habe euch niemals gekannt.“ – „Nicht jeder, der zu mir sagt: Herr! Herr! wird in das Himmelreich eingehen, sondern nur, wer den Willen meines Vaters tut. Viele werden an jenem Tage zu mir sagen: Herr! Herr! haben wir nicht in deinem Namen prophetisch geredet? Haben wir nicht in deinem Namen Teufel ausgetrieben? Haben wir nicht in deinem Namen viele Wunder gewirkt? Alsdann werde ich ihnen offen erklären: Niemals habe ich euch gekannt! Weichet von mir, ihr Übeltäter!“ (Mt 7,21-23).

Okkultisten und Spiritisten wenden sich an Gott, um Offenbarungen und Geheimnisse zu erhalten. Sie sagen und glauben, daß sie sich an die guten Geister wendeten. Da aber solche Touren wie Geisterbeschwörungen durch Gottes Gesetz verboten sind, wird das Tor geöffnet für Geister, welche ganz andere sind als die guten. Okkultisten leben schließlich in einem Zustand fortwährender sakrilegischer Sinnenlust (sehen fühlen, erleben, hören) und halten das für Mitteilungen vom Himmel (vgl. Johannes vom Kreuz, Band 1). Aber Gott hat uns andere Wege zugewiesen (siehe Lk 16,31), und wer sie ver-

läßt, gerät auf Wiesen mit Giftkräutern, ja unter die Mächte der Finsternis, die sich als Licht ausgeben.
Aberglaube ist das Erwarten einer Wirkung von einem Gegenstand oder einer Handlung, die sie natürlicherweise nicht haben. Es ist ein Meisterwerk des Teufels, Zauberei als etwas Harmloses, ja sogar etwas Frommes und Biblisches darzustellen. Doch darf man nicht vergessen: „Es soll unter euch keinen geben, der Losorakel befragt, Wolken deutet, aus dem Becher weissagt, Beschwörung, geheime Künste oder Zauberei treibt; keinen, der Totengeister befragt oder Zeichen deutet, keinen Hellseher, keinen Wahrsager und keinen, der Verstorbene um Rat fragt. Denn jeder, der sich mit solchen Dingen befaßt, ist dem Herrn ein Greuel“ (Dtn 18,10-12).

10. Medialität und Medien.

Formen okkulter Betätigung[6)]

Aus den Tausenden von Beispielen, die ich gesammelt habe, schälen sich drei große Sachgebiete heraus: **Wahrsagerei – Magie – Spiritismus.** Jedes dieser Hauptgebiete gliedert sich in 20 bis 40 Untergebiete. Eine Darstellung erübrigt sich hier, weil es in meinen anderen Büchern schon geschehen ist. Es soll nur eine Übersicht gegeben werden.

1. Zur Wahrsagerei gehören:

a) Pendeln und Rutengehen (Radiästhesie).
Die Archäologen behaupten, diese Form sei etwa 8000 Jahre alt. Pendel und Wünschelrute sind Wahrsagegeräte.

b) Die Astrologie. Nebenformen sind Astromantik, die volkstümliche Horoskopie, die Kosmobiologie. Ihr Alter kann mit Sicherheit auf 3000 v.Chr. beziffert werden. Wir haben eine Linie der Astrologie von den Sumerern und Akkadern über die Chaldäer, Babylonier, Griechen und Römer bis heute.

c) Die Handlesekunst wurde von den babylonischen Priestern aufgebracht. Ihr Beginn reicht 4000 Jahre zurück.

d) Die Kartenlegerei zur Wahrsagerei begann bei den Römern mit Wachstäfelchen. Die Spielkarte aus Papier kam erst etwa 800 n.Chr. auf.

e) Das psychometrische Hellsehen begann auch in der Römerzeit und hat sich bis heute erhalten. (Es führte zu weit, die vielen übrigen Formen zu erwähnen.)

2. Zur Magie gehören:
Heilen und Krankmachen, Liebes- und Haßzauber, Verfluchen und Fruchtbarkeitszauber, Verfolgung und Abwehr, Bannen und Lösen, Todeszauber.
Hier in dieser Abhandlung geht es nur um die uralte biblisch erwähnte Zauberei, um den Dämonenkult, um die Zusammenarbeit mit den Mächten der Finsternis. Zur Beruhigung ängstlicher Gemüter sei hinzugefügt: Wenn wir unter dem Schutz Jesu stehen, kann uns eine Verfluchung nichts anhaben. Im Gegenteil: Ich habe Beispiele, daß Verfluchungen auf den Fluchenden zurückfielen. Es sei aber auch vermerkt, daß hinter Segenswünschen und Verfluchungen mehr steht als nur bloße Worte. Die Bibel und die Seelsorge zeigen uns das.
Bei all diesen Zeugnissen ehemaliger Zauberer kommt immer wieder die tröstliche Botschaft zum Vorschein: Jesus ist der Sieger. Wer ihm in echter Weise angehört, steht unter seinem Schutz und bleibt vor des Teufels Künsten bewahrt. Wenn sich aber ein Namenchrist leichtsinnig auf solche Dinge einläßt, dann gerät er unter einen satanischen Bann.

3. Der Spiritismus (Totenkult, Geisterverkehr) ist das dritte Hauptgebiet des Okkultismus. Es ist unmöglich, hier auf alle Nebenformen dieses Dämonenkultes einzugehen. Am bekanntesten sind: Tischrücken, Gläseln, Trancereden, automatisches Schreiben, Exkursion der Seele, Materialisationen, Telekinese, Apporte, Levitationen, spiritistische Kulte, religiöser Spiritismus usw. Wer Erläuterungen dazu haben will, muß zu den Büchern greifen (die am Schluß aufgeführt sind).

Es ist eine durch jahrelange Beobachtung erhärtete Tatsache, daß die Magie und überhaupt alle okkulten Praktiken den christlichen Glauben nicht aufkommen lassen oder zerstören. Die Magie führt in die Netze des Teufels.

Die mediale Heilpraxis

Wir haben diesen Fall bei den sogenannten geistigen Heilern. Fast jedes Land hat solche, die durchweg auf medialer Basis ihre Praktiken durchführen. Dazu einige Beispiele:
Auf den Philippinen nahm ich die Berichte eines „Astralchirurgen" auf. Nach dem Glauben der Spiritisten hat der Mensch nicht nur einen materiellen, sondern auch einen Astralleib. Der Filipino führt bei seinen Patienten Operationen an diesem Astralleib durch. Er braucht kein Skalpell, sondern manipuliert mit seinen Händen nur außerhalb des Körpers. Eine so leichte Operation wäre die Hoffnung aller „steinreicher" Patienten, **wenn nicht ganz furchtbare Belastungen zurückbleiben würden.** Die organische Hilfe wird mit schwersten seelischen Komplikationen bezahlt. Ich hatte einen Mann in meiner Seelsorge, der auf diese Weise operiert worden war. Er lief hinterher monatelang zum Psychotherapeuten, ohne die geringste Hilfe zu erfahren.

In Deutschland gibt es einen geistigen Heiler, Dr. Trampler. In der Seelsorge hörte ich manche Berichte von seinen ehemaligen Patienten. Er stellt sich in der Sprechstunde vor die Besucher, konzentriert sich einige Sekunden auf ihr Leiden und kann treffsichere Diagnosen geben. Dann setzt er seine geistigen Kräfte, die medialer Natur sind, ein und beeinflußt die Patienten. Er fragt sie dann: „Spüren Sie ein Wärmegefühl?" – Bei diesem Heilungsvorgang haben wir als Vorgang 1 die hellfühlende Diagnose und als Vorgang 2 die geistig-mediale Beeinflussung. Wie die Auswirkungen sind, zeigten mir seelsorgerliche Gespräche.

Bei meinen vielen Vortragsreisen in England kam ich laufend auf die Spuren eines der gefährlichsten Heiler der westlichen Welt. Es ist Harry Edwards. Er hat Tausende in seinen Bann gezogen und sie durch seine spiritistischen Praktiken belastet. Dieser Spiritist, der sich „spiritual healer" nennt, besuchte 1934 als 41jähriger seine ersten spiritistischen Sitzungen. Bei den Séancen wurde ihm von einem Medium gesagt, daß einige jenseitige Geist-Führer mit ihm in Verbindung treten wollten. Zunächst verhielt er sich passiv. In einer der Sitzungen wurde er aber **von einer inneren Macht erfüllt.** In dieser Zeit setzte plötzlich die Fähigkeit ein, abwesende Kranke zu heilen. Wenn ihm der Name oder der Wohnort eines Kranken genannt wurde, sah er plötzlich den Raum, in dem sich der Patient befand, und vermochte ihn durch geistige Beeinflussung zu heilen. Sehr aufschlußreich sind die Hinweise des Buches, daß diese heilende Kraft von den jenseitigen Geistfreunden stamme. Ausdrücklich wird erwähnt, daß diese Heilgabe nichts mit dem zu tun hat, was Jesus am Kreuz auf Golgotha getan hat. Wir sind sehr dankbar für diese Klarstellung. So wissen doch wenigstens alle, daß es sich um eine Heilungsbewegung handelt, die mit der Hl. Schrift und mit Christus nichts gemeinsam hat.

Zum Heilungsvorgang selbst sagt das Buch folgendes aus: „Er suchte die Trance, die dafür Voraussetzung war, daß eine Verbindung mit dem Geistfreund einsetzte. Dann wurde durch Betasten des Patienten der Krankheitsherd lokalisiert. Danach strömten durch die Hände des Heilmediums Kräfte auf den Patienten über, die als Wärmegefühl empfunden wurden."

Bei meinen Vortragsreisen durch die USA stieß ich (Dr. Kurt Koch) auf das Buch von Edgar Cayce „The Sleeping Prophet". Edgar Cayce wurde durch seine Heilerfolge und durch seine zutreffenden Prophezeiungen berühmt. Leider werden viele Christen durch solche Erfolge getäuscht, weil sie nicht zwischen echten (charismatischen) und medialen Kräften unterscheiden können. Wenn irgendein Amerikaner Heilung oder Hilfe brauchte, schrieb er dem „Propheten" einen Brief. Cayce konzentrierte sich auf diesen und versetzte sich in Trance. In diesem Zustand erkannte er dann exakt die Krankheit des Bittstellers und konnte ihn gleichzeitig heilend beeinflussen. Genauso konnte er verlorene Gegenstände auffinden oder Zukunftsprognosen geben.

Weil er alle seine Hilfsaktionen in der Trance durchführte, nannte man ihn den „schlafenden Propheten". Im Grunde genommen stecken in dieser Bezeichnung zwei Fehler: Es handelt sich erstens nicht um einen Schlaf, sondern um Trance. Der Unterschied ist schnell geklärt. Wenn er in Trance lag, konnte man ihn mit einer Nadel stechen, und er spürte es nicht. Ein Schläfer wäre durch diese Nadelstiche aufgewacht. Zweitens ist er kein Prophet, sondern ein Zauberer. Simon Magus und Elymas in der Apostelgeschichte waren Zauberer und keine Männer Gottes. Wir leben aber heute in einer so chaotischen Zeit, daß alle Begriffe verwechselt und dem Teufel noch Ehren erwiesen werden. Das Argument, Cayce habe vielen geholfen, stimmt nur zum Schein; denn er hat viele belastet. Cayce war nur ein medial veranlagter Tranceheiler und Spiritist. Er hat dem amerikansichen Volk einen schlechten Dienst erwiesen. Natürlich sollen seine Heilerfolge nicht geleugnet werden. Die Hl. Schrift weiß ja auch von dämonischen Wundern (Mt 24,24; Thess 2,9).

Ein junges Mädchen, das ich sehr gut kenne, war jahrzehntelang krank. Sie ging von einem Arzt zum anderen, ohne Hilfe zu erlangen. Da hörte ihre Familie von dem Wunderdoktor und geistigen Heiler Gröning. Der Vater brachte seine Tochter zu diesem Mann und setzte seine ganze Hoffnung auf ihn. Sie saßen im Wartezimmer. Die Tochter, die kurz zuvor den Herrn Jesus angenommen hatte, fühlte eine unheimliche Macht. Darum betete sie unablässig. Da trat Bruno Gröning in den Raum, stellte sich vor sie und fragte: „Glauben Sie, daß ich Sie gesund machen kann?" Sie antwortete: „Wenn Gott Ihnen die Kraft dazu gibt, ja." Gröning erwiderte: „In Ihnen ist eine Macht, die meiner Kraft widersteht." Also die überall bekannte Erfahrung, daß spiritistische Heiler und andere Geistheiler sofort blockiert sind, wenn jemand betet!

Gröning verteilte an alle Staniolkugeln und Staniolblätter und gab Anweisung, dieses Staniol auf dem Körper zu tragen und nachts unter das Kopfkissen zu legen. Ferner waren Bilder von Gröning erhältlich, auf die man die Hand legen sollte. Von diesem Zeitpunkt an wurde die Unruhe der Berichterstatterin sehr stark. Schließlich beichtete sie alles, was sie durch Gottes Hilfe erkannte, darunter auch die Gröninggeschichte. Der Seelsorger betete mit ihr ein Lossagegebet und sprach sie los. Seither ist aller Druck und alle Angst weg.

Natürlich kommen Heilungen vor, aber durch welche Kraft? Wir haben doch genug Stellen in der Heiligen Schrift, wo Zauberer

auch Wunder taten. Denken wir nur an die ägyptischen Zauberer (2 Moses 7,10-12), die Moses nachahmten. Oder denken wir an die dämonischen Zeichen und Wunder in Mt 24,24; Mk 13,22; 2 Thess 2,9; Offb 13,13 und 16,14.

In Brasilien kam anläßlich einer Vortragswoche ein 31jähriger Mann zu mir in die Aussprache. Er berichtete, daß er alle vier Wochen, und zwar periodisch nur in den Vollmondnächten, schwere Anfälle habe. Die Ärzte behandelten ihn auf Epilepsie, ohne den geringsten Heilerfolg zu erzielen. Was den Mann bedrückte, war nicht nur diese seltsame Erkrankung, sondern auch seine Unfähigkeit, zu glauben und zu beten. Die lange Unterredung brachte ans Licht, daß seine Großmutter und Mutter aktive und passive Besprecherinnen waren. Man nennt solche Zauberei in Südamerika „die Bruchos". Vielleicht ist dieser Ausdruck eine Abwandlung des deutschen Wortes „brauchen". Es handelt sich dabei um den Vorgang des magischen Besprechens. Die Nachforschung ergab, daß mein Berichterstatter als kleiner Junge bei einer Erkrankung „besprochen" worden war. Das seelsorgerliche Gespräch führte nun dazu, daß der junge Mann seine Sünden beichtete. Er sagte sich im Gebet von der Zauberei seiner Vorfahren los und erlebte durch Gottes Gnade das Wunder einer Heilung und Befreiung.

Ein eigenartiges Erlebnis: Eine Familie meines Bekanntenkreises hatte ein epileptisches Kind, das täglich mehrere Anfälle bekam. Bei einer Begegnung mit dem Kind stellte der Pfarrer die Frage: „Wie heißt du, mein Kind?" Wie staunte er, als das Kind mit einer unnatürlich tiefen Stimme antwortete: „Wir sind drei." Die weitere Unterhaltung in dieser Familie zeigte dem Geistlichen, daß hier keine Epilepsie vorlag, sondern eine **Kinderbesessenheit.** Durch das Befragen der Eltern kam er dieser Sache auf den Grund: **Das Kind war bei einer Erkrankung durch Zauberei geheilt worden und bekam dann jene Anfälle,** die vom Arzt als Epilepsie diagnostiziert wurden.

Wer durch Sünden der Zauberei die Schwelle zum Satansreich übertreten hat, wird von den Mächten der Finsternis umgeben, ganz gleich, ob er sich bewußt oder unbewußt auf Zauberei eingelassen hat. Die Auswirkungen zeigen sich in fünf Bereichen:

1. Die entscheidende Belastung ist die Störung des Glaubenslebens. Hier tritt sofort die Frage auf: welches Glaubenslebens? Ist der Muslim, der Buddhist, der Hindu auch in seiner religiösen Haltung beeinträchtigt? Nein. Das ist das Eigenartige an der Zauberei: Das Christentum, teilweise auch das gottesfürchtige Judentum spielen eine Sonderrolle. Alle anderen Religionen gehen mit medialen Vorgängen konform; allein der christliche Glaube steht schroff dagegen. Wer sich in seinem Leben der Wahrsagerei, der Magie oder des Spiritismus bedient hat, hat es äußerst schwer, sich zu Christus zu bekehren. Er kann nicht zum Frieden und zur Heilsgewißheit durchdringen. Und wenn er vorher schon Christ war, dann legt sich ein Rauhreif, ein Bann über sein Glaubensleben. Er verliert die Lust am Beten und Bibellesen.

Ein Mann, der in seiner Jugend mehrmals besprochen worden war, heiratete ein gläubiges Mädchen. Er war zwar Kirchgänger, jedoch ohne irgendeine Bindung an Gott zu haben. Die junge Frau spürte sehr rasch, daß ihr Mann weder etwas vom gemeinsamen Gebet noch von der Nachfolge Christi wissen wollte. Sie bildete nun einen Gebetskreis und betete jahrelang für ihren Gatten. Bei einer Evangelisation wurde der Mann schließlich erweckt und kam zu mir zur seelsorgerlichen Aussprache. Von diesem Zeitpunkt an setzten furchtbare Kämpfe ein, die ihn fast in den Irrsinn trieben. Er kam Tag und Nacht nicht zur Ruhe. Er machte einen Selbstmordversuch durch eine hohe Dosis Gift, die für drei Männer ausgereicht hätte, wurde jedoch gerettet und kam abermals zum Seelsorger. Er sagte: „Ich will doch mein Leben Jesus ausliefern, warum kann ich es nicht fassen?" Die Nachforschung ergab dann den Sachverhalt, daß er als Kind magisch behandelt worden war.
Dieses Beispiel erweist auch die häufige Erfahrung, daß okkult belastete Menschen völlig in Ruhe gelassen werden, solange sie in der Welt stehen. Erst wenn sie sich bekehren wollen, geht der Tanz los. **Es ist ein ganz einfaches Gesetz: Der Teufel läßt jeden in Ruhe, solange er ihm dient.** Erst wenn sein Opfer ihm aus der Schule laufen will, setzt die Gegenwehr ein. Manche solcher okkult Belasteten verlieren bei den einsetzenden Kämpfen nahezu den Verstand. Dann kommen natürlich die ungläubigen Angehörigen und eventuell der

behandelnde Arzt und sagen: „Das kommt vom vielen Beten. Bleiben Sie einmal von der Kirche weg! Unterlassen Sie auch eine Zeitlang das Bibellesen.“ Wie oft wurde mir von solchen Ratschlägen berichtet. Diese Ratgeber beweisen damit nur, daß sie von biblischen Gesetzmäßigkeiten nichts verstehen.
Jede Zauberei ist gleichsam ein Bündnis mit der Finsternis. Darum glaubt der Teufel, ein Recht an dem Menschen zu haben, und setzt mit einer heftigen Abwehr ein, wenn ihm sein Opfer entrissen werden soll.

2. Eine okkulte Belastung wirkt sich auch auf den Charakter des Menschen aus. Durch Zauberei gezeichnete Belastete sind jähzornig, rachsüchtig, streitlustig und neigen zum Geiz und zur Herrschsucht. Es sind unverträgliche Naturen. Auch sind bei ihnen alle Leidenschaften überhöht.

Abstufung der okkulten Belastung:

a) Die einfache okkulte Belastung, die jahrelang verborgen sein kann, bis sie entdeckt wird.
b) Die Dämonisierung, die sofort auf jede geistliche Betreuung reagiert.
c) Die Umsessenheit. Der Mensch wird dabei von finsteren Mächten umlagert und dauernd kontrolliert.
d) Die Besessenheit. Der Mensch wird von unsauberen Geistern oder Dämonen bewohnt.

Diese vier Stufen bilden eine Einheit: Es sind nur verschiedene Stärkegrade.

3. Ein starkes Merkmal okkulter Bindungen ist die Tatsache, daß Menschen bei ihrer Bekehrung plötzlich schwermütig werden. Bei okkult Belasteten treten häufig seelische Störungen auf, wenn sie sich Chrsitus ausliefern wollen. An dieser Stelle ist aber größte Vorsicht geboten. Depressionen, Neurosen, Gemütskrankheiten und Selbstmordgedanken können auch viele andere Ursachen haben. Es gibt anlagebedingte (durch Vererbung), erlebnisbedingte (durch schwere Erfahrungen), organisch bedingte (durch Erkrankungen) und okkult bedingte (durch Zauberei) Depressionen.

4. Jahrelange Erfahrung zeigt, daß Familien, in denen Zauberei getrieben wird, anfälliger sind für Geisteskrankheiten und Anomalitäten als andere Familien. Es ist keine Gehässigkeit, sondern nur schlichte Beobachtung, wenn ich sage, daß in Spiritistenfamilien viel mehr Geisteskrankheiten vorkommen als in anderen.

5. Die Beschäftigung mit okkulten Dingen äußert sich ferner in der **Entwicklung der medialen Fähigkeiten.** Der Ausdruck „medial" ist sehr schwer zu deuten. Er kommt philologisch aus dem Lateinischen: medium heißt das Mittel, die Mitte, die Mittlerrolle. Ein Medium kann zwischen unbekannten Kräften (oder im Raum des Spiritismus zwischen unsichtbaren Wesen) und uns lebenden Menschen vermitteln. Es wäre in der westlichen Welt dringend nötig, ein Buch über die Medialität zu schreiben. Was in der östlichen Welt zum Abc des Verständnisses gehört, wird in der westlichen Welt angezweifelt. In der östlichen Welt sind vielleicht 90 bis 95 Prozent der Menschen medial veranlagt, in der westlichen vielleicht 5 Prozent oder weniger. Die mediale Veranlagung ist oft unbewußt. Sie kann aber an bestimmten Erlebnissen erkannt oder sogar durch kleine Experimente nachgeprüft werden. Ich warne aber vor solchen Experimenten. Medialität geht gewöhnlich in den Erbgang. Sie kann auf dreifache Art und Weise entstehen: durch Vererbung, durch magisches oder spiritistisches Experimentieren und durch Übertragung. Eine kurze Erläuterung dazu: Wenn der Großvater ein Spiritist oder Magier war, dann sind seine Kinder, Enkel und manchmal Urenkel medial veranlagt. Wenn ein Nachkomme sich bekehrt, verschwindet die mediale Veranlagung manchmal, aber in etwa der Hälfte der Fälle nicht. Ein Kind Gottes kann noch medial sein, ohne es zu wissen. Ein gläubiger Christ kann aber sehr schnell von eine solchen Medialität frei werden. Schlimm ist allerdings, wenn Jünger Jesu ihre Medialität eines Tages entdecken und dann annehmen, es seien charismatische Kräfte, durch den Heiligen Geist gegeben.

Medialität kann erworben werden. Wenn ein Mensch sich magisch heilen läßt, wird er gewöhnlich auch medial. Wer jahrelang mit Zauberbüchern arbeitet, wird bestimmt medial. **Medialität kann auch übertragen werden.** Wenn ein starker Rutengänger oder Pendler die Hand eines nichtmedialen Menschen anfaßt und mit ihm zusammen die Rute oder das Pendel führt, dann wird der Nichtmediale dadurch gewöhnlich medial.

Es gibt zehn bis zwölf verschiedene Formen der Medialität. Dazu gehören: Rutenfühligkeit und Pendelreaktion, Fähigkeit des Wahrtraums und das zweite Gesicht, Hellsehgaben, Hellfühligkeit, Trancefähigkeit, auch die Hypnosefähigkeit und Suggestion, daneben heilmagnetische Kräfte. Bei längerer, ich meine jahrelanger, Beobachtung stellte sich immer eine Medialität heraus, auch bei christlichen Magnetiseuren. Zur Medialität gehört auch die Telepathie. Was ist der tiefste Hintergrund einer okkulten Belastung? Bei allen Sünden der Zauberei löst sich der Mensch von Gott und wendet sich den Abgöttern zu. Und wer dem Teufel dient, erhält des Teufels Lohn.

Jahrzehntelange Beobachtung all der medialen Kräfte lassen den Schluß zu, daß diese Fähigkeiten das diabolische Gegenstück der Geistesgaben Gottes darstellen. Der Teufel versucht, Gott in allen Stücken nachzuahmen. Dieser Schluß ist auch deshalb berechtigt, weil sich mediale Kräfte durch Gebet überwinden und stoppen lassen. Im christlichen Leben ist der Besitz von medialen Kräften stets ein deutliches Merkmal okkulter Bindungen. Das ist eine Warnung an die Gläubigen!

11. Heilkunst durch Sympathie und Besprechen

„Gesundheit ist das höchste Gut!“ Wer ist damit nicht einverstanden? Was unternimmt der kranke Mensch nicht alles, um gesund zu werden! Was auch immer helfen mag, ist alles recht. „Und wenn’s der Teufel selber wär’!“ So kann man reden hören: „Wenn’s nur hilft!“ Also Gesundheit um jeden Preis. Man versucht alles Mögliche und meint: „Nützt es nicht, schadet’s auch nicht.“

Wir wollen uns hier nur mit jenen Heilpraktiken befassen, die, wie wir später sehen, mit Zauberei und Aberglauben im Zusammenhang stehen, das heißt in diesem Falle, Dinge, die in das große und doch

so **verborgene Gebiet der Zauberheilung, des Besprechens, der Beschwörungskünste und der Sympathieheilkunst** gehören. Es sind Heilkünste, die vor allem auf dem Lande, aber auch in Städten noch heute trotz aller „Aufklärung“ gang und gäbe sind.
Da werden **Amulette** und sonderbare „Schutzmittel“ als Talisman zum Schutz vor Krankheit, Unglück und mancherlei Gebrechen auf dem Leibe mitgetragen. Lästige Warzen werden „vertrieben“, indem man Knoten in einen Faden knüpft und ihn dann auf die Straße legt, bevor ein Leichenzug vorüberzieht. Wer Zahnschmerzen hat, soll an einem Bach „Osterwassser“ schöpfen. Friedhoferde soll gut sein gegen Fieber. Wo ein Säugling ständig schreit, soll man ihn durch das Hochzeitskleid der Mutter stecken. Gegen alle möglichen Krankheiten seien „Eßzettel“ zu schlucken. Das Berühren einer Leichenhand sei gut gegen allerlei Geschwülste usw. Sonderbare „Heilmittel“, durch deren Hilfe Krankheiten vertrieben oder auf andere Wesen oder Gegenstände übertragen werden sollen! Meist müssen sie unter besonderen Bedingungen („ohne umzusehen“, „rücklings“ usw.) an besonderen Orten, zu bestimmten Zeiten oder in Verbindung **mit gewissen Formeln,** Sprüchen, ja sogar „Gebeten“ angewendet werden.
Landauf, landab findet man heutzutage Leute, die sich **Magnetopathen, Telepathen, Pendler oder Sympathieheilkundige** nennen. Das Heidentum zeigt sich in moderner, wissenschaftlich sein wollender Aufmachung. Im Krankheitsfalle braucht man nur zu telefonieren oder vielleicht einen Gegenstand des Kranken einzusenden (als Konzentrationshilfe) und „es“ hilft. Der Wunderdoktor (oder die -doktorin) „tut dafür“. Was er wirklich tut, weiß man nicht, und wie er es macht, bleibt ebenfalls ein Geheimnis, das man nie erfahren wird. Man kann diese Wundermänner oder -frauen auch besuchen, und es sind fast durchweg „anständige Leute“, freundlich, lieb und nett, oft sogar sehr „katholisch“, christlich. Die philippinischen Wunderheiler benützen sogar die Bibel, Heiligenbilder usw. Trotzdem wirkt Satan bei ihren Operationen (mit bloßer Hand!), weil sie die Bibel zu Frevlem mißbrauchen.

Das Buch der Bibel hat aus sich heraus keine Kraft! Es ist nur ein Bündel Papier. Wirksam wird sie nur im Herzen des Menschen

durch Glauben und Vertrauen und rechtes Hören. Ein Talisman, eine Medaille oder ein „Gebet“ haben aus sich heraus keine Kraft! Kraft hat nur Gott und im Rahmen seiner Zulassung (durch Sünde und Übertretung seiner Weisung) der Teufel. Gott kann man nur bitten, nicht zwingen.
Eine Gebetsformel kann ich zehnmal um den Hals hängen, ohne mein Tun bleibt es Papier und Magie. Erwarte ich von einem Gegenstand oder Gebet eine automatische Wirkung (z.B. durch neunmaliges Hersagen), so begehe ich Zauberei und Magie, aber nicht Gebet und Bitte vor Gott. Wenn ich von „15 Gebeten“ eine automatische Wirkung erwarte, daß ich dadurch vor der Hölle todsicher bewahrt bleibe, so ist das sehr gefährlich. Ich setze damit auf Zahl und Menschenwerk mein Vertrauen, und die werden mich nicht retten! Ebenso werden mich gewisse Medaillen und Bilder nicht vor Schaden und Unglück bewahren, wenn ich sie in Räumen oder unter dem Kopfkissen anbringe, sondern allein Hinwendung zu Gott durch Reue und Buße, durch Glauben und Vertrauen kann helfen, aber keine Gegenstände.
Der Name Gottes wird von fast allen Zauberern „gebraucht“, freventlich und in falscher Herzenshaltung. Man kann auch das Vaterunser mißbrauchen, genauso wie ein Küchenmesser: zum Guten, Nützlichen oder zum Bösen (zum Morden). Auf diesem Gebiet bräuchte es unter Christen noch viel Aufklärungsarbeit, weil so viele unbewußt auf Praktiken und „Gott zwingende“ Handlungen vertrauen statt auf den Glauben an Jesus den Herrn. „Ihr Schlangenbrut, wer hat euch gelehrt, dem kommenden Zorne zu entgehen?“(Mt 3,7).

Eine Frau berichtet: „Ich hatte eine Tochter von fünfzehn Monaten, die zur englischen Krankheit geneigt schien. Es hieß: Du mußt einmal zu O. L. gehen. Der hat schon vielen geholfen. Es muß aber abnehmender Mond sein, am besten Freitag, am allerbesten Karfreitag. Da standen die Leute stundenlang und warteten. Dem Kinde wurden Haare, Fuß- und Fingernägel abgeschnitten und alles übers Kreuz eingewickelt. Dann wurde das Kind besprochen. Die Worte verstand ich nicht, nur die Namen Gottes konnte ich verstehen.“ Das sieht ganz heilig und fromm aus, ist es aber nicht, sondern Zauberei.

Die hauptsächlichsten Krankheiten, für die sich diese „Sympathieheilkundigen“ empfehlen, sind Blutstillen bei Blutungen, Wunden, Brandwunden, Fieber, Rotlauf, Gesichtsrose, Hautkrankheiten, Flechten, Grind, Krätze, Warzen und Zahnschmerzen. An inneren Krankheiten: Schwindsucht, Wassersucht, Gicht, Muskelzerrung, Verstauchung, Bruch usw.

Eigenartige Begleiterscheinungen

Unlängst wurde ich an das Krankenbett einer jungen Frau gerufen. Es ging mit ihr dem Ende entgegen. Der Pfarrer des Ortes hatte ihr bereits das Abendmahl gegeben, doch zeigten sich nun bei der Kranken gerade seither eigenartige Anfälle. Sie selber, die mager, bleich und elend in ihrem Bett lag, klagte mit ihrer schwachen, matten Stimme und erzählte: „Was soll ich tun? Seit der Pfarrer dagewesen ist und ich das Abendmahl genommen habe und mich auf das Sterben vorbereiten wollte, bekomme ich eigentümliche Anfälle: Da muß ich immer Gott und Jesus Christus lästern. Es kommt einfach über mich. Ich will es ja nicht. Was muß ich tun? Helfen Sie mir!“
Kaum hatte mir die Kranke ihre Not mit müden Lippen zugelispelt, da – wer hätte es noch für möglich gehalten! – erhob sie sich auf ihrem Lager, sah geradeaus an die Wand und fing an, Gott anzuklagen, Jesus Christus zu lästern und zu beschimpfen. Ich hörte zu und betete. Plötzlich wandte sich die Kranke wieder an mich, sank traurig in ihre Kissen zurück und sagte wie jemand, der aus einem Traum erwacht: „Siehst du, jetzt ist es gerade wieder über mich gekommen. Ich wollte doch gar nicht. Was soll ich tun?“ Ihre Mutter erzählte mir dann später, daß diese Verstorbene als kleines Kind von einem Hausierer, einem „spässigen Männli, das mehr konnte als andere Leute“, besprochen worden sei.
Es zeigt sich in der Seelsorge in Tausenden von Fällen immer wieder, daß da, wo Menschen nicht zum Frieden kommen können, irgendwann in ihrem Leben Zauberei im Spiel war. Ob dies bewußt oder unbewußt, gewollt oder ungewollt geschehen ist, ob es durch Besprechen, Sympathieheilkünste, Pendelei, Telepathie oder Magnetopathie, ob durch Wahrsagerei oder Zukunftsdeuterei oder

irgendwelche andere Zaubermittel geschehen ist, bleibt völlig nebensächlich. – Ob jemand im Ernst oder nur „aus Scherz" mit einer Starkstromleitung in Berührung kommt, macht ja auch keinen Unterschied!

Eine Mutter schreibt: „Ich habe einem Sohn vor vier Jahren die Rose im Gesicht besprechen lassen. Das wurde nur durch Bewegung der Hand über der kranken Stelle ausgeführt. Und die Folge davon: Der Sohn wurde von Mächten der Finsternis so befallen, daß wir ihn während des Schlafens nicht mehr allein lassen konnten. Es waren Anfälle, von denen er ganz erschöpft war. Es ging los mit lautem Geschrei und Angst, als wenn etwas auf ihn zukäme, was ihn umbringen wollte. Es war furchtbar, wie das Kind gelitten hat..."

Emil Kremer, ein Mennonit aus dem Elsaß, schreibt („Geöffnete Augen" 15/1974, S. 30 ff.): „Leichtgläubig, ohne Gott zu fragen, geht man zum **Augendiagnostiker,** um sich die Krankheit aus den Augen lesen zu lassen, ohne zu prüfen, ob wissenschaftliche oder nur mediale Mittel dabei angewendet werden. Ärzte haben wiederholt klargestellt, daß kein wissenschaftlich feststellbarer Zusammenhang zwischen Iris und Krankheit besteht (Fotos an 2000 Todesfällen). Iris-Diagnose ist (genauso wie das Handlesen) eine Art von Hellsehen, eine Gabe von unten. Solche Art von Augendiagnose wird in der Seelsorge immer wieder als dämonische Beeinflussung und Bindung erfahren.
Ahnungslos kommen viele durch gewisse Homöopathen (oft Okkultisten) oder andere Menschen, die „helfen" können, mit dem Pendel oder der Radiästhesie oder der Wünschelrute in Berührung, durch welche Krankheiten erkannt, Heilkräuter und Arzneimittel entdeckt, verlorene und verborgene Gegenstände sogar auf der Landkarte gefunden werden, weil man ihnen sagt, es sei wissenschaftlich bewiesen, daß die Pendelbewegungen oder das Ausschlagen der Rute durch Ausstrahlungen hervorgerufen werden."

Stocker behauptet aufgrund eingehender Untersuchungen, daß es gewisse „Erdstrahlen" (gestörte elektromagnetische Felder an Störzonen) gibt, die von manchen Tieren, vom Blitz und sensiblen Menschen wahrgenommen werden, **daß aber Rute und Pendel immer**

Wahrsagegeräte und Orakel sind, die befragt werden müssen. Keine Rute und kein Pendel antwortet, ohne innerliche (bewußte oder unbewußte) Frage an das Orakel: „Ich will, daß es Wasser anzeige“ oder „Zeige mir...“ (siehe Bachler, Käthe: Erfahrungen, S. 40 und 42). Die Wünschelrute antwortet auf ein und derselben Stelle verschieden (!), je nachdem, was erfragt wird. Diese Wahrsagegeräte antworten auch auf die Ferne, über irgendeiner Landkarte. Die Rute wird von einer äußeren Kraft gedreht (wenn der Rutengänger genügend medial geworden ist), sodaß die Handflächen aufgerieben werden, und sie funktioniert nur bei okkult Veranlagten oder durch Handauflegung Infizierten.

Schließlich: Bei Gebet schweigen solche Wahrsagegeräte. Die seelsorgerliche Praxis findet diese Mantik immer im Zusammenhang mit verderblichem Okkultismus. Bei den sog. Störzonen (über unterirdischen Wasserläufen, Erdspalten usw.) handelt es sich um unterschiedliche Luftelektrizität und -jonisierung, um elektromagnetische Spannungsunterschiede, die krankheitsauslösend wirken können, aber nicht immer und nicht bei jedem.

Kremer sagt weiter: „Ohne Bedenken lassen sich Tausende von Kranken von Magnetopathen, Sympathieheilkundigen, Telepathen oder mittels Akupunktur, Hypnose, Autosuggestion und Autogenem Training **in der Meinung behandeln, es sei wissenschaftlich erwiesen,** und kommen dadurch unter den Einfluß von finsteren Mächten und in seelische und geistige Gebundenheit.

Wie viele Menschen lassen sich blind und vertrauensvoll auf Inserate hin von Sterndeutern und **Astrologen** das Horoskop stellen. Sie wissen nicht, daß Astrologie keine wissenschaftliche, sachliche Erforschung der Gestirne und ihrer Einflüsse wie die Astronomie ist, sondern eine okkulte Wissenschaft, wodurch die Seele unter den Bann eines Wahrsagegeistes und in ein schreckliches Gottesgericht kommt (Is 47,12 f; Dtn 4,19).“

Wie viele Menschen haben schon ihr Glück verloren durch den Gang zum Wahrsager, zum Astrologen, zum Handlinienleser, zur Kartenlegerin, zur Hellseherin! Allein schon durch falsche Erwartungen und Fixierungen auf solche Prognosen ist viel Unheil geschehen, noch mehr geschieht aber dadurch, daß solche Neugierige in den Stromkreis der Mächte der Finsternis und der Wahrsagegeister geraten.

Besprechen = Zauberei

Zauberei ist die aktive Betätigung des Aberglaubens. Das Besprechen ist eine uralte Form des Wortzaubers und ein wesentlicher Bestandteil des Zauberns überhaupt.
Es ist ein Meisterwerk des Teufels, Zauberei als etwas Harmloses, ja sogar als etwas Frommes und Biblisches hinzustellen. Es wird vielfach in Verbindung mit allerhand anderen Zauberhandlungen angewendet wie Husten, Anhauchen, Anpusten, Bestreichen oder „Messen" der kranken Stelle. Man „macht es mit Worten". Man „braucht" eine Zauberformel, einen „Zaubersegen", Zauberspruch oder gar ein „Gebet". Daher der Name „Brauchen". Der „Braucher" gebraucht einen „Brauchspruch" gegen eine Krankheit. Mit den „gebrauchten" Worten oder Brauchformeln versucht man die Krankheit, die Krankheits-Mächte oder auch andere „geistige Mächte" zu vertreiben. Das Besprechen findet gewöhnlich in Anwesenheit des Patienten statt, kann aber auch aus der Ferne erfolgen.
Die uralten heidnischen **Zauberformeln** sind im Laufe der Zeit verchristlicht worden. Ja, sie werden oft geradezu „Segenssprüche" oder „Segen" genannt und als Gebete bezeichnet. Was für einen Inhalt solche christlich verbrämten Zaubergebete haben, mögen ein paar Beispiele erläutern (Briefe gegen Feuer; H. sieben Himmelsriegel): „Gebete" und „Segen" gegen den Brand lauten z.B.: „Kalt ist die Hand, kalt ist das Wasser ... kalt ist der Sand ... und der Brand." Oder: „Ich ging mal einst an den Strand, da fand ich eines Mannes Totenhand, damit vertrieb ich diesen Brand." Ein anderer sog. Segen: „Weich aus, Brand, und ja nicht ein, du seist kalt oder warm, so laß das Brennen sein."

Eine andere, geläufige Besprechungsformel ist der vielfach bei Kindern angewendete Zauberspruch: „Heile, heile, Segen ... es tut dem Kindli nümmer weh!" Zur Bekräftigung werden in der Regel noch die „drei heiligsten Namen“ beigefügt. Andere christlich sein wollende Sympathie-Heilkundige wenden sogar Bibelsprüche als Zauberformeln an. Durch freventlichen Mißbrauch läßt sich damit die gleiche Wirkung hervorbringen.

Sympathieheilkunst

Bei der Sympathieheilkunst werden die Krankheiten und Gebrechen gleichsam auf andere Menschen, auf Tiere, Bäume oder andere Pflanzen, oft gar in die Erde, in das Wasser oder auch auf das Feuer „übertragen“. Der Sympathieheilkünstler redet darum von „büßen“, „böten“, „tun dürfen“ usw. Er will dem Kranken die Krankheit „wegnehmen“, sie „auf Wasser übertragen“, sie „auf sich nehmen“, „mitleiden“, „mit-tragen“ oder „dafür büßen“. Das Heilen durch Sympathie sei darum nicht jedermanns Ding und greife den Heilenden oder Büßenden in seinen Kräften ganz gewaltig an. Der sog. Heilmagnetismus dagegen will Gesundheit vom Heiler auf den Kranken übertragen und die Krankheit so vertreiben und verdrängen.
Zu dieser **„Übertragung“ von Krankheiten auf Menschen, Tiere, Pflanzen** oder auch leblose Gegenstände bedient sich der Sympathieheilkundige meist geheimnisvoller Zauberhandlungen. Bei Gicht z.B. sollen besonders „der Holunder, die Linde und die Weide angerufen“ werden.

„Als neulich jemand krank war“, berichtet eine Krankenschwester, „wurde ihm geraten, drei Äpfel auf das Fensterbrett zu legen. So wie die Äpfel vertrocknen, so vertrockne dann die Krankheit auch.“ – Eine Tochter litt an Kopfschmerzen. Ein sympathieheilkundiger Mann „legte ihr ein Tuch um den Kopf und machte drei Knoten. Dabei sprach er: ‘Ich gehe über einen Graben, dabei begegnen mir drei Knaben’, und nun geht die lästerliche Zauberformel weiter, ‘der erste war Gott der Vater, der zweite Gott der Sohn, der dritte Gott der Heilige Geist’.“

Mit diesem **Analogie-Zauber** (Ähnlichkeitszauber) oder Sympathiezauber hängt das „Abbinden, Vergraben, Vernageln, Verpflöcken“ usw. zusammen; ebenso das Verstecken eines Talismans unter der Stalltürschwelle, das Anheften einer ausgebreiteten Fledermaus an der Stalltüre gegen Krankheit und Seuche, das Anbringen eines Spitzdorns an der Hausecke und vieles andere.

Bei all diesen Heilkünsten ist meist der Stand des Mondes von besonderer Bedeutung. Zahnschmerzen, Warzen, Überbeine und allerlei ungewöhnliche Gewächse müssen bei abnehmendem Mond, andere Übel wie Lähmungen dagegen bei zunehmendem Mond behandelt werden. Wie weit ist dieser Analogiezauber sogar unter frommen Leuten noch verbreitet! Unter den Wochentagen z.B. soll der Freitag die größte Heilkraft haben, der Karfreitag aber die allergrößte! Gewisse Zahlen seien heilig, andere brächten Unglück. Welch ein Aberglaube!

Beschwören

Eine „höhere", bei geheimnisvollen Heilverfahren angewandte Form der Zauberei ist das Beschwören. Der Sympathieheilkundige sucht dabei mit magischen Worten und sonderbaren Handlungen stärkere Mächte herbeizurufen und sie seinem Willen untertan zu machen. Diese Beschwörung von bestimmten Geistesmächten kann auf verschiedene Weise geschehen. Vielfach wird sie begleitet von magischen Handlungen wie Anhauchen, Blasen, Anspucken, Berühren, Streichen, Kneten, Drücken oder auch das Handauflegen im Sinne der Zauberei.

Das „Bannen" oder „Stellen", von dem man da und dort auch hört, ist nur eine bestimmte Art der Beschwörung. Es wird dabei versucht, mit einem Zauberwort oder einer Zauberhandlung auf andere Wesen (Menschen, Tiere oder Geister) einen Zwang auszuüben und den Gebannten dadurch unfähig zu machen, das zu tun, was er eigentlich tun wollte. Daher kommt die Redeweise, der Mensch, der etwas Bestimmtes (Gutes oder Böses) unternehmen möchte und es einfach nicht kann, stehe „unter einem Bann".
Eine bekannte Art des Bannens ist das sogenannte **Blutstillen,** das mancherorts noch üblich ist. Dabei handelt es sich um nichts anderes als um Zauberei. Wer auf diesem Weg (mit Worten oder zauberhaften Handlungen) „Blutstillen" läßt, gerät dadurch ohne jeden Zweifel unter einen Bann. Eine andere, noch weniger saubere, aber

desto geheimnisvollere Anweisung ist folgende: „Nimm ein Bündel Lumpen, je schmutziger es ist, desto besser es ist, dieses verbrenne zu Asche, nimm und streue sie in die Wunden, so stehet das Blut zur Hand...“ Eine weitere „fromme“ und zugleich gotteslästerliche Beschwörungsformel für Menschen und Vieh lautet: „Schreibe untenstehende Buchstaben mit deinem eigenen Blut an die Stirn, es sei Menschen oder Vieh...“ oder: „Man suche am Karfreitag vor Sonnenaufgang Froschlaich und reibe damit seine Hand ein, so erhält man in derselben die Kraft, Blut zu stillen...“

Ein erfolgreicher Zauberer erklärte, daß bei Anwendung derartiger Formeln der Taufname des Patienten eine besondere Rolle spiele, daß er diesen unbedingt wissen und in die Zauberformel oder das „Zaubergebet“ einordnen müsse. Eine Formel gegen Gicht heißt beispielsweise: „N. N. (hier wird der Taufname des Patienten eingesetzt), ich begreife deine Gicht, die Markgicht, Adergicht, Blutgicht, Fleischgicht...“ Gegen Schwindsucht heißt es: „Schwinden, du sollst stille stehn!“, gegen Fieber: „Du verfluchtes Fieber, ich beschwöre dich...“ Zur „Entlassung“ der beschworenen Geister soll jeweils eine Rückbeschwörung stattfinden, damit der Beschwörer selbst keinen Schaden leidet. Sie geschieht meistens durch Rückwärtslesen der Beschwörungsformel.

Der ganze Beschwörungszauber soll aber trotz allem recht „christlich“ zugehen, damit ja niemand (womöglich nicht einmal der Beschwörer selbst) merken soll, welch ein Satansdienst und welch ein Abgrundsgeist dahinter steht. Dazu ist es nötig, daß zu jeder Beschwörung „die drei höchsten Namen“ gebraucht werden sollen. Man „braucht“ den Gottesnamen jedoch magisch. Man „bespricht, bannt, stillt oder tut dafür“ in den „drei heiligsten Namen“, d.h. im Namen des Vaters usw. Wie mancher wendet diese „drei höchsten Namen“ als magische Zauberformel an und hat dabei keine Ahnung, daß er lasterhafte Zauberei betreibt, indem er glaubt, er bete! Der bekannte Zauberspruch „Das walte Gott!“ gehört ebenfalls daher. Es ist sündhaftes Anrufen und Mißbrauchen des Namens Gottes.

„Bibelsprüche“ und Gebete sind weitverbreitete, beliebte Zauber- und Beschwörungsmittel. Da heißt es: „Durch das Evangelium Johannis wird das Fieber vertrieben.“ Das Verführerische bei all diesem Satanswerk ist der fromme Deckmantel. Man nennt den Namen Gottes und macht sich dadurch der Gotteslästerung und des Mißbrauchs des Namens Gottes schuldig. **In Wirklichkeit erwartet man die Hilfe nicht von Gott, sondern von einem Abgott.**

Die Anwendung der drei heiligsten Namen, von Bibelsprüchen und Gebeten zu Zauberheilzwecken ist vor Gott ein Greuel. Wieviel Zauberei in christlichem Gewande ist da noch anzutreffen! Was wird da aus Furcht vor Zauberei für „Gegenzauber" angewendet in Form von Amuletten, von „Brand- und Himmelsbriefen", die man niemals öffnen darf! Wer sie aber dennoch einmal öffnet, kann da zum Beispiel lesen: „Satan, verschone diese Seele; in der Hölle gibt's ein Wiedersehn!" Man glaubt, das Tragen eines solchen Zettels bewahre vor Schaden.
Welch ein Aberglaube ist selbst in christlichen Kreisen noch vorhanden! Da fürchtet sich ein Prediger, weiterhin in seinem Lokal Versammlungen abzuhalten, weil es „verhext" sein soll. Wo ist da Jesus, der Sieger? Einer Verstorbenen werden die „Sieben Himmelsriegel" mit in den Sarg gelegt, „daß ihr geholfen werde im Leben und im Sterben, wenn sie diese Himmelsriegel bei sich" habe. Dem Inhaber des „Himmelsbriefes" wird die Vergebung seiner Sünden deshalb zugesichert, weil er diesen bei sich trage. Welch eine teuflische Abgötterei in christlichem Gewande! Man vertraut auf Zettel und Gegenstände, statt auf Reue und Buße und lebendigen Glauben an Jesus, der allein helfen kann. So kleidet sich der Teufel mit Vorliebe in ein christliches Gewand.

Zauberbücher

Einige der verbreitetsten Zauberbücher seien hier mit Namen aufgeführt. Ihre Titel sind oft christlich und fromm getarnt, daß mancher Besitzer glaubt, er habe „ein recht frommes Buch" im Hause. Eines der bekanntesten nennt sich:
„Das sechste und siebente Buch Mosis".

Wer ist da nicht sofort versucht, an eine Fortsetzung der biblischen fünf Bücher Moses zu denken! Bei dem sog. sechsten und siebenten wie bei den weiteren (bis zum dreizehnten) handelt es sich um gotteslästerliche „Ägyptische“ Zauberbücher „für Menschen und Vieh“. Dr. Kurt Koch nennt dieses Zauberbuch eines der gefährlichsten. Es ist Magie unter dem Namen der Bibel. Hier ein Muster aus dem Inhalt:

Anleitung zum Unsichtbarmachen: „Wenn du stehlen willst (einer Frau hinterhergehen willst), ohne gesehen zu werden, dann mußt du folgendes tun ...: Eine schwarze Katze um Mitternacht stehlen, sie lebendig 24 Stunden lang sieden und dabei immer die Hände über den Kessel halten und in dieser Zeit nie rückwärts schauen. Vor dem Salomonspiegel die Knochen ausbeineln, den am goldigsten scheinenden zwischen die Zähne nehmen...“ usw. Kein aufrichtiger Christ kann sich mit diesem traurigen Beschwörungszauber abgeben. Weitere Schriften, die trotz christlich scheinenden Titeln gleichartigen Inhalt aufweisen, sind:

„Romanus-Büchlein. Der schwarze Rabe“ (Natürliche und sympathische Heilmittel für Menschen und Vieh).

„Rosenheimer Raritäten“. Unter diesem Namen gibt es graphisch sehr schöne Zauberbücher über Sympathie und Talismane.

„Heiliger Segen“ zu Wasser und zu Lande. Wider alle seine Feinde, so ihm begegnen auf allen seinen Wegen und Stegen, zum Gebrauch frommer Christen, um in allen Gefahren, worin sowohl Menschen als Vieh oft geraten, gesichert zu sein.

„Der wahrhaftige feurige Drache“ oder Herrschaft über die himmlischen und höllischen Geister und über die Mächte der Erde und der Luft.

„Der wahre geistliche Schild“. (Darinnen sehr kräftige Segen und Gebete, teils von Gott geoffenbart, teils von ... gemacht).

„Das siebenmal versiegelte Buch“ der größten Geheimnisse ... nebst wundersamen Gegenmitteln zur Erreichung der verschiedenartigsten Zwecke.

„Engelshülfe“ zu Schutz und Schirm in großen Nöten.

„Geheime Kunstschule“ magischer Wunderkräfte, das Buch der wahren Praktik in der uralten göttlichen Magie, wie sie durch die heilige Cabbala und durch Elohym mitgeteilt worden ist.

Ein Beschwörungskundiger, der von einem vertrauten Freund um

Anleitung zu diesen Künsten gefragt wurde, gab diesem als Antwort das Bekenntnis, er selber habe nachts oft so furchtbare Kämpfe und geradezu einen Ekel vor sich selber; er könne ihm das nicht anraten. Dieses offene Bekenntnis ist ein treffender Beweis für die verborgenen Zusammenhänge dieser Künste.

Nimbus und Geheimniskrämerei sind unerläßliche Voraussetzung für jede Zauberhandlung.

Wir wollen uns hüten, nun alle Zauberer und Sympathieheilkundigen von vornherein als unehrliche Leute zu betrachten. Es gibt sehr viele unter ihnen, die in allem Ernst an ihre Kunst glauben und ehrliche und achtbare Leute sind. **Sie meinen es aufrichtig und wissen nicht, daß sie selbst Betrogene sind.** Sie haben darum in der Regel den größten Erfolg. Das ist auch das Ziel der Zauberbücher. Sie sind alle ohne Ausnahme darauf angelegt, den Beschwörer selbst in den Glauben zu versetzen, es handle sich um etwas Rechtes, Ehrliches und Frommes. Denken wir nur an die verschiedenen sonderbaren Handlungen und Zeremonien, die der angehende Beschwörer selber im Verborgenen auszuführen hat, um die Zauberkräfte und geheimen Fähigkeiten zu erlangen. Erst der eigene Glaube an die Zauberei gibt ihm die Möglichkeit, mit der nötigen Ruhe und Sicherheit den Patienten gegenüber aufzutreten. Denken wir nur an die Blutsverschreibungen, die in vielen Fällen „nötig“ sind.

Viele der Zauberdoktoren sind selber völlig blind und überzeugt, sie täten etwas Rechtes, sie wollten ja nur helfen. Aber sie selbst sind Betrogene und stehen unter einem Bann. So sehr hat sie Satans Macht verblendet. Gerade darin wird das Teuflische all dieser Heil- und Zauberkünste offenbar. Allerdings gibt es auch welche, aber wohl wenige, die als gerissene Gauner wissen, was dahinter steckt und wie man's machen muß. Sie tun es dennoch, und zwar um des Geldes willen! Sie werden ihren Lohn empfangen und dem ewigen Richter nicht entrinnen, auch wenn sie sich ihr Leben lang als Wohltäter aufspielen. Gott läßt seiner nicht spotten.

Sympathieheilungen sind Satanswerk. Magnetopathen haben aus sich heraus eher wenig „natürlichen Magnetismus“, der Rest wird von unten gegeben. Wer sich aber von Satan helfen läßt, frevelt ge-

gen Gott und kommt unter das Gericht. Satan ist der Vater der Lüge und verstellt sich als ein Engel des Lichtes (2 Kor 11,14). Die Ausübenden sind fast durch die Bank Okkultisten und infizieren andere und bringen sie unter einen Bann. Entscheidend ist der „Glaube"! Es gilt: „Euch geschehe nach eurem Glauben" (Mt 8,13), aber in diesem Fall bedeutet es: nach eurem Aberglauben.
Wenn ich von einem Wunderdoktor äußerlich geheilt werde, dabei aber innerlich unter einen Bann und in Fesseln gerate, so ist das keine Hilfe oder Wohltat, sondern eine Untat. Man darf durch „Besprechen" usw. nicht „helfen" und sich nicht helfen lassen, sonst wird man schuldig vor Gott und ein Missetäter.
Die wichtigste Voraussetzung für den Erfolg des Wunderdoktors ist seine Fähigkeit, einen entsprechenden Nimbus um sich zu schaffen. Es gibt unter ihnen solche, die ihre Kunst in dieser Richtung so gut verstehen, daß selbst Amtspersonen nicht wagen würden, gegen ihre Machenschaften einzuschreiten, weil sie selbst befürchten, der Wundermann oder die Wunderfrau könnten ihnen oder ihrer Familie etwas zuleide tun.
Wie es gemacht wird? Die übrigen Anwesenden werden bei der Behandlung in aller Regel vorher hinausgeschickt. Wenn sie geduldet weden, müssen sie sich ganz ruhig verhalten, mitunter sogar das Haupt entblößen! Kinder dürfen der „Besprechung" nicht beiwohnen. Der Kranke soll während des Vorgangs schweigen und von der Kur, die oft Wochen und Monate in Anspruch nehmen kann, niemand etwas mitteilen. Niemand darf wissen, was die eigenartigen Handlungen des Besprechers oder der Besprecherin zu bedeuten haben. Besonders eindrucksvoll ist es auch, wenn sich der Besprechende in ein anderes Zimmer begibt, damit der Patient überhaupt nicht weiß, was dort getan wird.

Vortreffliche Mittel, um den Nimbus zu heben, sind auch rätselhafte Gegenstände, die der Patient bei Gelegenheit zu sehen bekommt, z.B. der sogenannte magische Spiegel (auch Salomonspiegel genannt). Auch ein Totenschädel kann „den Zweck erfüllen". Alles, was einen rätselhaften Eindruck wecken kann, ist „gut". Der eine versucht es, indem er seine Formeln und „Gebete" laut und inbrünstig flehend spricht, damit jeder sehe, was er für ein frommer Mann

sei. Der andere kehrt den Rücken und lispelt seine Zaubersprüche leise murmelnd vor sich hin. Ein dritter erreicht sein Ziel mit lautem Fluchen oder Schimpfen, womit er sich als im Kampf mit Geistesmächten zeigen will.
Ein eigenartiges gemeinsames Merkmal aller Zauberheilungen bleibt, daß Menschen, die sich oder andern dadurch „helfen" lassen, immer wieder Unglück haben und sich stets von neuem wieder helfen lassen müssen und so in eine völlige Abhängigkeit von der Zauberei verwickelt werden.

Das Urteil aus Gottes Wort

Wie klar und eindringlich redet die Heilige Schrift in diesem Zusammenhang immer wieder von satanischem Betrug. Die Heilige Schrift zeigt uns den Unterschied zwischen dem schöpferischen Wirken Gottes und dem Wesen der Zauberei. Moses handelte bei seinen Wundertaten nach Gottes Befehl. Der Herr wollte etwas tun, damit sein Name groß und herrlich werde; darum gab er Moses den Auftrag zu handeln. Satans Ziel war es, das zu vereiteln. So berichtet die Heilige Schrift von den ägyptischen Zaubereien: „Die Zauberer taten auch also mit ihrem Beschwören" (Exodus 8,14). Sie taten „auch" wie Moses, nicht im Auftrag Gottes, sondern im Auftrag Satans. Und sie brachten tatsächlich vieles fertig, wenn auch nicht alles.

Der Teufel ist der Nachahmer Gottes!

Von Simon, dem Zauberer von Samaria, steht geschrieben: Er „gab vor, er wäre etwas Großes" (Apg 8,9). Er gab also nur vor, er wäre...! Damit ist alles gesagt. Aber es geschahen tatsächlich „Dinge", denn es heißt weiter: „Er bezauberte das samaritische Volk ... und sie sahen alle auf ihn, beide, klein und groß, sprachen: Der ist die Kraft Gottes!" Es geschah also etwas, und das ist auch heute noch so. Wir tun da einen Blick in die Werkstatt Satans. Ja, es geschieht etwas, und sogar sehr viel! Die Bibel redet darum von „Wirkung Satans mit allerlei lügenhaften Kräften und Zeichen und Wundern" (2 Thess 2,9).

Wie weit Simon der Zauberer in die Welt Satans verstrickt war, zeigt, daß er die Gabe des Heiligen Geistes für einen Trick hielt, den man wie andere Zaubergeheimnisse mit Geld erwerben, also kaufen könne. „Dein Geld fahre samt dir ins Verderben, weil du gemeint hast, die Gabe Gottes für Geld zu bekommen. Du hast keinen Anteil und kein Anrecht darauf, denn dein Herz ist nicht aufrichtig vor Gott“ (Apg 8,20 f.). So antwortete ihm Petrus.

„Die Betreffenden sind nämlich Lügenapostel, Pfuscher in ihrer Arbeit, die sich das Aussehen von Aposteln Christi zu geben suchen. Und das ist kein Wunder. Denn der Satan selbst verkleidet sich in einen Engel des Lichtes“ (2 Kor 11,13-14). Wo sind da die „magnetischen Kräfte“, die „elektrischen Ströme“, die „den Radiowellen ähnlichen Strahlen“, womit die Zauberdoktoren wirken wollen?

Wunderzeichen sind niemals Beweise göttlichen Wirkens! Sympathieheilungen sind Satanswerk.

Über das „Brauchen“, d.h. Anwenden der Namen Gottes, der „drei heiligsten“ oder „drei höchsten Namen“ urteilt Gottes Wort: „Du sollst den Namen des Herrn, deines Gottes, nicht mißbrauchen, denn der Herr wird den nicht ungestraft lassen, der seinen Namen mißbraucht“ (Ex 20,7).

Es geht hier nicht nur um religiöse Sittengesetze, **es handelt sich um allgemein und ewig gültige Lebensgesetze,** die einfach in der Schöpfungsordnung liegen, denen niemand ausweichen kann und die unerbittlich wirksam sind, ob jemand religiös ist oder nicht.

„Es soll unter euch keinen geben, der Lose oder Orakel befragt, Wolken deutet, aus dem Becher weissagt, zaubert, Gebetsbeschwörungen hersagt oder Totengeister befragt; keinen, der Zeichen deutet, keinen Hellseher, keinen Wahrsager und keinen, der Verstorbene um Rat fragt. Denn jeder, der sich mit solchen Dingen befaßt, ist dem Herrn ein Greuel, und um dieser Greuel willen straft der Herr die Menschen“ (Dtn 18,10-12). Wegen dieser Greuel und Sünden hat Satan Macht. **Wer sich mit Zauberei befaßt, kommt unter seinen Bann.** Zauberei ist ein Hindernis, zum lebendigen Glauben und zum inneren Frieden des Herzens zu kommen.

„Darum wird dir solches (Unglück) ... kommen plötzlich auf einen Tag... Ja, vollkommen wird es über dich kommen um der Menge deiner Zauberer und um deiner Beschwörer willen, deren ein großer Haufe bei dir ist“ (Is 47,9-14).

Der Eigenwille ist bei allen Sympathie- und Zauberheilungen immer irgendwie im Spiel. Das Gesundwerden ist die Hauptsache. Da wird nicht nach Gott und Gottes Willen gefragt: Herr, warum schickst du mir dieses Unglück, dieses Leiden? Was willst du mir damit sagen? Man will nur um jeden Preis gesund werden. Man fragt nicht nach Seinem Willen und nimmt dennoch die Zauberhandlung oder das „Gebet“ angeblich in Seinem Namen vor. Welch eine Ironie, welch eine Lästerung!

Die Magie macht Gott zum Handlanger für eigene Zwecke; denn Magie sucht immer jenseitige Mächte zu benützen. Darum sagt die Schrift: „Ungehorsam ist eine Zaubereisünde, und Widerstreben ist Abgötterei und Götzendienst. Weil du nun des Herrn Wort verworfen hast, hat er dich auch verworfen“ (1 Sam 15,23).
Zauberei ist offener oder verborgener Widerstand gegen Gottes Wort und gegen Gottes Schöpferwillen. Die Apostelgeschichte zeigt uns das typische Beispiel der Haltung eines Zauberers: „Da widerstand ihnen der Zauberer Elymas und trachtete, daß er den Landvogt vom Glauben wendete.“ **Zauberei ist eigenwilliges Eingreifen in Gottes Schöpferordnung.** Eigensinn und Trotz sind ihre Kennzeichen. Sympathieheilkunst und Zauberei sind eine Hochburg Satans, „die eigentliche Feindschaft wider Gott“, und das trotz aller Religiosität, die von den Sympathieheilkundigen zur Schau getragen wird. **Wer Zauberei betrieben hat oder solche an sich oder anderen betreiben ließ, steht unter Gottes Fluch.**

„Draußen bleiben die Hunde, die Zauberer, die Unzüchtigen, die Mörder, die Götzendiener und alle, welche die Lüge lieben und üben“ (Offb 22,15). Noch deutlicher: „Die Feiglinge aber und die Ungläubigen, die Entweihten, die Mörder, Unzüchtigen, Zauberer, Götzendiener und die Lügner alle werden ihren Teil bekommen in dem See, der von Feuer und Schwefel brennt. Das ist der zweite Tod“ (Offb 21,8).
Zum Zauberer Elymas sagte der Apostel Paulus: „Du, voll des Trugs und aller Bosheit, Kind des Teufels und Feind aller Gerechtigkeit, hörst du nicht auf, die geraden Wege des Herrn zu durchkreuzen? Siehe, die Hand des Herrn kommt über dich: du wirst blind sein und die Sonne nicht sehen eine Zeitlang“ (Apg 13,10 f.).

Das Ergebnis aller Zauberei kann zwar Heilung und Scheinhilfe sein, Gottes Urteil darüber aber lautet: Verflucht!

Geheilt, aber vor Gott verflucht

Vor Gott gibt es nur e i n e Möglichkeit: klare Abkehr von jeglicher Abgötterei und Zauberei.

Von der Gemeinde in Ephesus heißt es: „Viele Gläubige kamen und bekannten und offenbarten das, was sie getan hatten. Viele von denen, die abergläubische Dinge getrieben hatten, brachten die Bücher zusammen und verbrannten sie vor aller Augen; man berechnete den Wert auf fünfzigtausend Drachmen" (Apg 19,18 f.).
Entferne und vernichte alle Gegenstände, Bücher und Schriften, die dich daran erinnern! Tu es mit aller Gründlichkeit! Jetzt, in diesen Augenblicken! Gottes Wille ist, „daß ihr euch von diesen nichtigen Götzen zum lebendigen Gott bekehren sollt, der Himmel und Erde und das Meer gemacht hat und alles, was darin ist" (Apg 14,15).

Folgen und Auswirkungen

Viele Äußerungen zeigen, daß, wer sich durch Besprechen und Beschwören, durch Zauberei und Sympathieheilkunde „helfen" läßt, meist keine Ahnung von den wirklichen Zusammenhängen hat. **Man meint: „Ob Satan oder Gott, wenn's nur hilft!" Wie muß der blind sein, der so reden kann! Wer nur etwas von der Wirklichkeit Satans und vom Wirken des lebendigen Gottes ahnt, wird weder so denken noch so handeln können.** Man will unter allen Umständen gesund werden. Weil es Gott nicht tut (weil man seinen Willen nicht kennt oder nicht kennen will), wendet man sich an den Teufel, ob man es weiß oder nicht. Was nun Gott versagt hat, gibt der Teufel! Ihn braucht man nicht zweimal zu bitten.
„Was hilft, ist gut!" – „Es hat doch geholfen!" – „Satan kann doch nicht helfen!": Das sind die landläufigen Überlegungen und Redensarten. Und es gibt sogar Besprecher und Beschwörer, die kühn behaupten, ihre Künste seien „ein von den Aposteln übernommenes biblisches Heilmittel". Und wer das für Zauberei erkläre, müsse

dafür Buße tun; es sei eine schwere Sünde, etwas Derartiges zu sagen. Sie wollten ja nur „Gutes tun" und „helfen". Sie machten es mit „Beten", und das sei doch sicher etwas Frommes. Es sei „weiße Magie".

Es ist ein Meisterwerk des Teufels, Zauberei als etwas Harmloses, ja sogar als etwas Frommes und Biblisches hinzustellen. „Es hat doch geholfen!" Ja, aber desto schlimmer für dich! Du hast deine Hilfe mit einem teureren Preis an seelischem Gut bezahlt, als du es ahnst. Du bist damit unter einen dämonischen Bann gekommen, ohne es zu ahnen. Zeigt dir nicht gerade das „Eintreffen" und die „Hilfe" am deutlichsten, daß wir es da nicht mit harmlosen Dingen zu tun haben? Ist nicht gerade die „Hilfe" ein Beweis, daß da wirkliche Mächte am Werk waren? „Wenn's nit nützt, so schadt's au nüt!" So sagt man sich. Und niemand ahnt den Schaden.

Die Folgen zeigen sich in verschiedener Weise

Besonders auffallend ist es, daß dem, der sich einmal hat besprechen lassen, immer von neuem etwas fehlt und er sich ständig wieder helfen lassen muß. „Es tut einfach nicht recht! Es ist immer wieder etwas los!" Ein Unheil, eine Krankheit im Hause löst die andere ab. Wir kennen einen Bauern, der vom Unglück derart verfolgt wurde, daß er durch das ständige „Dafürtunlassen" bereits vor dem Konkurs stand. Seitdem er mit dieser Zauberei gebrochen hat, weiß er in Haus und Stall von Glück und Segen zu erzählen.
Mancher schwerwiegende Schaden entsteht dadurch, daß die Versuche mit zweifelhaften Heilpraktiken die rechtzeitige und fachgemäße ärztliche Behandlung verhindern oder doch in unverantwortlicher Weise verzögern.

Zauberei ist ein Hindernis, zum lebendigen Glauben und zum inneren Frieden des Herzens zu kommen. Eine typische Folge von Zauberei sind Unglaube, religiöse Gleichgültigkeit und das Nicht-glauben-Können.
Man sucht und möchte zum Glauben und zum inneren Frieden mit Gott kommen und kann es nicht. Es fehlt die Freudigkeit zum Beten. Man läßt andere für sich beten, weil man selbst nicht beten kann.

Es zeigt sich ein ungewollter innerer Widerstand gegen Gottes Wort. Man kann keiner Predigt lange zuhören, hat keine Lust, in der Bibel zu lesen.
Der Bericht eines Mannes, der sich besprechen ließ, mag die innere Verfassung zeigen: „Da die Krankheit aller Macht der Ärzte spottete, riet eine Frau, der Mann möge doch einmal zu dem bekannten S. gehen, der die Krankheit durch die drei höchsten Namen 'besprechen' könne. Der Mann ging ahnungslos zu dem Zauberer, ließ sich ein versiegeltes Papier an einem Seidenfaden um den Hals hängen, allerlei Worte über sich hersagen, und die Krankheit war verschwunden. Doch von der Stunde an, wo seine Krankheit wich, verschwand auch der Friede aus seiner Seele, der ihn in allem Leid so froh gemacht hatte. Eine unheimliche Angst beschlich den Gesundgewordenen. Oft war es ihm, als ob böse Geister um ihn wären. Er konnte nicht mehr beten. Wenn er die Bibel in die Hand nehmen wollte, war es ihm, als ob eine finstere Macht ihn davon wegzerrte. Der Geheilte wurde immer unruhiger. Endlich öffnete er das versiegelte Papier, das er am Hals trug. Da stand ein verkappter Teufelspakt (aus Goethes Faust!): Ich will mich hier zu deinem Dienst verbinden, auf deinen Wink nicht rasten und nicht ruhn; wenn wir uns drüben wiederfinden, so sollst du mir das gleiche tun."

Bei einer Umkehr zu Jesus treten die geheilten Krankheiten wieder auf, und wenn in festem Gottvertrauen stehende Gläubige zu solchen Wunderheilern gehen, so wirkt es nicht, Akupunktur wirkt auch nur bei gewissen Menschen: Es ist nämlich ein Trance-Heilen.
Sehr oft äußern sich die Folgen der Zauberei in Lästergedanken, Apathie (Teilnahmslosigkeit), Friedlosigkeit, sog. Alpdruck, Gemütsdepressionen, Schwermut oder Verzweiflung. „Neulich starb eine Frau... Sie war sehr alt, und schaurig war ihr Sterben. In den letzten Stunden beschäftigte sie sich mit Dingen, die sie trotz unserer Warnung immer wieder getrieben hatte. Sie sagte aber, sie hätte alles ans Licht gebracht. Die Umstände machten mich stutzig, und ich fragte nochmals, ob sie auch keinen Brandbrief oder so etwas habe. Sie sagte mir, es sei alles verbrannt. In ihren letzten Augenblicken rang sie noch mit dem Teufel. Als nachher der Nachlaß verteilt wurde, fand sich tatsächlich noch allerlei, darunter auch ein Brandbrief."

Vielfach sind Visionen (Geister-Erscheinugnen), Verkehr mit Verstorbenen, „Engelserscheinungen“, Stimmenhören (Halluzinationen) usw. **die direkte oder indirekte Folge von Beschäftigung mit Zauberei.** (Über Spiritismus siehe: Kurt Koch.) Man beachte die Erlebnisse bei Autogenem Training!

Wir lesen in einem erschütternden Zeugnis: „Schon als Kind bin ich mehrmals besprochen worden. Später ließ ich mir die Karten legen und wahrsagen. Wie mit fremder Gewalt zog es mich nun oft zur Kartenlegerin. Dann trieb ich das Kartenlegen und Wahrsagen ‘zum Vergnügen’ auch selbst. Ich mißbrauchte den Namen Gottes in Verbindung mit einer Zauberformel, indem ich hinter einer Leiche die Worte sprach: ‘So wie diese Leiche vergeht, soll meine Augenkrankheit vergehen im Namen des Vaters ...’ Ich besprach auch mein Kind.

Als Siebzehnjährige bekam ich zum erstenmal Krämpfe. Dazu kamen direkte Belästigungen und Quälereien durch böse Geister. Diese nahmen ihren Anfang, als ich mich wieder hatte besprechen lassen. Nun wurde ich während der Nächte geplagt... Auch durch Klopftöne und Gestalten wurde ich erschreckt. Ich erkannte den schrecklichen Bann nicht, sondern hielt mich für fromm. In diesem Wahn wurde ich noch durch einen Traum bestärkt: Darin war mir, als wäre ich ein Stern und es leuchtete die ganze Stube von mir. Heute weiß ich, daß der Satan Zeichen und Wunder tut durch Träume, Gesichte, Stimmen usw., um uns in den geistlichen Hochmut zu verstricken.

Durch Gottes Gnade durfte ich die von mir begangenen Greuel der Gotteslästerung, Zauberei und Abgötterei erkennen und bekennen. Doch wurden die Plagen nun schlimmer. Es war schrecklich, wie ich gequält wurde und wie die Geister in unserer Wohnung rumorten. Es war so, als ob die Hölle mich als ihre Beute nicht loslassen wollte. Immer wieder wurde ich dazu versucht, an der Gnade Gottes irre zu werden. Ich sollte es nicht glauben, daß meine vielen und schweren Sünden mir vergeben sind, kann aber jetzt durch Gottes Hilfe glauben, daß Christus der Sohn Gottes ist und durch die Vergießung seines teuren Blutes meine Sünden getilgt hat. Die Plagen haben sehr nachgelassen, aber ich bin noch nicht völlig frei und bitte um Fürbitte.“

Tiefe charakterliche Veränderungen können ihre Ursache in der Zauberei haben. Sie machen sich bemerkbar in ausgeprägtem Eigensinn, Anlage zum Jähzorn, Gebundenheiten und Leidenschaften, unbegründeten Angstzuständen, Zwangvorstellungen, unerklärbaren Zwangshandlungen, Verstocktheit (unnatürlicher Verschlossenheit), Selbstmordgedanken, Selbstmordversuchen usw. Ein Beispiel: „Wir hatten im Hause das 6. und 7. Buch Mosis. Ich las viel darin. Auf Einzelheiten kann ich mich nicht mehr besinnen, aber eines steht mir noch brennend vor der Seele: Ich schrieb eine in fremder Sprache angegebene Formel ab, und zwar mit meinem Blut, und legte diese nachts unter den Kopf. Auch schrieben wir aus einem Buch einen Spruch auf Wachs, welcher der Mutter um den Hals gehängt wurde. Dadurch sollte sie gesund werden. Mehrmals unternahm sie daraufhin Selbstmordversuche. Schließlich starb sie in diesem traurigen Zustand.“

Wer sich mit Zauberei befaßt, gerät unter einen Bann und ist gebunden: Er kann seinen Willen nicht mehr frei betätigen. Diese seelischen Veränderungen können sehr oft auch körperliche Störungen zur Folge haben. Vor allem stehen nervöse Leiden mannigfachster Art in engstem Zusammenhang mit dem seelischen Zustand des betreffenden Menschen. Gegen diese Art Leiden ist kein Kraut gewachsen; es gibt auch keine Medizin. Ihre tiefste Ursache liegt anderswo und ist in vielen Fällen in der Zauberei zu suchen. Nervöse Leiden und körperliche Störungen, die vielfach Zauberei als letzte und tiefste Ursache haben, sind zum Beispiel: Kopf- und Magenschmerzen, Herzbeschwerden, Platzangst, Fallsucht, oft auch Ohnmachtsanfälle.

Weiße Magie ?

Es sei nochmals betont: Es gibt keinen Unterschied zwischen weißer und schwarzer Magie! Weiße Magie ist Gebrauch jener Kräfte zum Zweck von „Heilung“ und „Hilfe“, schwarze hingegen zum Schaden gegen Mensch und Tier. **Der Zweck (einer Heilung) heiligt nicht die Mittel.** Das Mittel ist in jedem Fall unerlaubt, weil nicht bei Gott, nicht auf dem Weg der Umkehr und Buße Heilung erstrebt wird und somit andere Mächte benützt werden. Wir dürfen uns aber nicht von Satan helfen lassen.

Beide, weiße wie schwarze Magie, sind in Wahrheit schwarz. Beides ist schwere Sünde gegen Gott, nämlich Satansdienst, auch wenn er „Engelsdienst" heißt (vgl. Samuel Pfeifer).

In Tirol reisen viele zu einem Heilpraktiker, der durch Urinbeschau die Krankheit sicher erkennt. Man nimmt ein Fläschchen Urin des Kranken mit, hält es gegen das Licht und sagt, was fehlt. Gegen die Verordnung von Tee als natürlichem Heilmittel ist nichts einzuwenden, wohl aber gegen die „mediale Diagnosestellung"! Andere sehen die Krankheit in der Kristallkugel, einem altbewährten Hellseh- und Wahrsagemittel. Solche Menschen sind Medien und bringen einen Bann über die Hilfesuchenden auf geistigem Gebiet. Geheilte werden religiös lau oder fanatische Sektierer. Solcherart Geheilte zu einem lebendigen Glauben und Vertrauen zu Jesus Christus zurückzuführen, ist sehr schwer. (Man vergleiche die entsprechenden Kapitel im Buch von Dr. Koch: Okkultes ABC, wo mehr über die Gefahr durch solche Medien und Okkulttäter gesagt ist.) Warzenvertreiben und Blutstillen bei Verwundungen durch Besprechen ist in manchen Gegenden (z.B. im Zillertal) eine Volksseuche.

Ein Arzt schreibt: „Ich erinnere nur daran, wie viele Menschen am Leib und besonders an der Seele krank sind, weil sie sich dieser Sünde der Zauberei (Besprechen, Brauchen, Spiritismus...) schuldig gemacht haben... Wir hören in unserer Zeit sehr viel von Nervosität, aber diese ist in den meisten Fällen auf ein belastetes Gewissen zurückzuführen. Hier ist seelsorgerliche Behandlung am Platz; in vielen Fällen wird die Krankheitsmacht durch ein demütiges, aufrichtiges Sündenbekenntnis gebrochen. Eine ganz besondere Art ist Besessenheit. Viele Kranke dieser Art sind in Irrenhäusern."

Pfarrer Blumhardt schreibt: „Die traurigste Folge für den Menschen, der die Abgötterei nicht bekennt und bereut, kommt nach dem Tode und ist zunächst das, was ich mit Schaudern auf allerlei Weise in meinen Kämpfen bis zur Gewißheit erfahren habe. Das Band, mit dem er sich an die finstere Macht gebunden hat, ist noch nicht gelöst!" Das ist die Wirkung der schwarzen wie der weißen Kunst!

Ein erfahrener Evangelist schreibt: „Wer sich hat besprechen lassen, der hat es schwer, zum Glauben zu kommen. Das Besprechen ist ein Hindernis der Bekehrung. Und wenn einer eine Art Bekehrung erlebt hat, dann kommt er doch nicht zum rechten Frieden. So oft habe ich diese Erfahrung gemacht, daß ich nicht anders konnte, als auch darüber zu reden und zu schreiben. Das hatte einen Strom von Bekenntnissen zur Folge von Leuten, die durch die erwähnten Sünden unter einen Druck geraten waren. Ich weiß aus viel Seelsorge heraus, was für eine ungeheure Macht diese Zaubereisünde im Volke ausübt und wieviel im Bann des Teufels leben. Ich wundere mich oft, daß nicht alle Seelsorger davon reden, daß nicht mehr in Vorträgen und Schriften davon gesprochen wird. Ganze Gegenden stehen unter einem Bann, wo das Besprechen geradezu zur Volksmedizin geworden ist“ (W. Koller: Blumhardts Kampf).

Fragen: Wer wird durch Sympathie- und Zauberheilungen zum Herrn bekehrt? Kommt dadurch irgend ein Mensch zur Erkenntnis seiner Sünde? Wird Gott der Herr zuerst gefragt, warum oder wozu Er das Leid, das Unglück oder die Krankheit zugelassen hat, was Er dir damit sagen oder zeigen will? Kommt irgend ein Mensch zu wahrer innerer Reue und aufrichtiger Buße vor Gott? **Was ist dir wichtiger: die Heilung der Seele oder des Leibes?** (Mt 10,28; Lk 17,33).

Was ist bei den Zauberheilungen wichtiger, der innere oder der äußere Mensch? Kommt durch Zauberhilfe jemand durch Umkehr und Buße zu Jesus Christus? Kommt ein Mensch zum lebendigen Glauben, zur Gewißheit des ewigen Lebens? Durch alle Not und alles Leid möchte der Herr uns in erster Linie heimsuchen, zum Frieden mit IHM selber und zum neuen, ewigen Leben bringen.

Ich möchte dich noch auf eine besondere satanische Taktik aufmerksam machen. Du kannst unter einem mehrfachen Bann stehen und dich möglicherweise an keine deiner Zaubereisünden erinnern. Sage deshalb nicht, daß bei dir alles in Ordnung sei, wenn du dich vorderhand an nichts Derartiges erinnern kannst. Satan will eben den Schleier der Vergessenheit darüber werfen, damit du nicht zur Buße kommst und weiter in diesem unerlösten Zustand bleibst. Immer wieder kommt es vor, daß Menschen, die behaupten, sich weiter an nichts zu erinnern, später unter der Einwirkung des Heiligen Geistes ganze Register von Aberglauben, Sympathie- und Zaubereisünden aufzuzählen wissen. Darum sei stille! Prüfe dich allein vor Gott!

Ein Vater schreibt über die Erlebnisse in seiner Familie: „Da hier das Besprechen von allerlei Krankheiten schon von jeher allgemein gebräuchlich war und sich sogar Pfarrherren und Amtspersonen dieses Mittels bedienten, war man so daran gewöhnt, daß niemand etwas Böses dabei vermutete. Darum gingen wir auch mit unserem älteren Mädchen, das damals etwa neunjährig war und im Gesicht eine Anzahl kleinere Warzen bekam, zu einem Mann, um diese vertreiben zu lassen. Da das Kind zur selben Zeit nach St. zu den Großeltern in die Ferien kam, verwunderte sich die Großmutter, daß die Warzen plötzlich wie über Nacht spurlos verschwunden waren. Warum aber das Kind daraufhin so widerspenstig und störrisch sein konnte, wußten wir damals noch nicht.

Kurz darauf bekam das andere Mädchen ziemlich genau die gleiche Geschichte, und wir bedienten uns wieder dieses scheinbar erfolgreichen Mittels. Da **das Vertreiben der Warzen** diesmal hartnäckiger erschien, ließen wir das Kind wiederholt und noch bei anderen Personen besprechen. Auch wurde der Mutter empfohlen, das Kind am Abend nach dem Feierabendläuten selber zu besprechen unter Anwendung der bezeichneten Mittel (Beschwörungsformeln und kreuzweises Bestreichen mit Menstruationsblut). Und siehe da, es half! Aber kurz darauf stürzte das Kind und verletzte seinen Arm. Wieder ging man zu einer alten Frau und ließ besprechen. Dann stürzte das Kind abermals und brach das Schlüsselbein, was uns dann nötigte, zu einem Arzt zu gehen.

Warum unsere Mutter auf all diese Sachen hin in solche Angstzustände kam, besonders jeweils am Sonntagabend bis Montagmorgen, ahnten wir damals nicht. Ein Arzt, den wir in einer Nacht, als wir glaubten, es sei unerträglich, extra von A. riefen, fand nichts Besonderes vor. Mama hatte damals allerlei Visionen und hörte nachts Pferdegetrappel und dergleichen im Hause. Besonders erregt war sie allemal, wenn ich am Sonntagmorgen vor der Bibel saß. Das konnte sie fast nicht ertragen. Wir wurden dann durch eine gläubige Schwester über den Fluch der Zaubereisünden aufgeklärt." Die Familie durfte daraufhin zur völligen Freiheit kommen und bezeugt weiter: „Wir gingen nach M. und ließen uns durch Bekenntnis und Annahme der Erlösung in Jesus Christus von den begangenen Greueln reinigen.“ Der Vater ist heute ein freudiger Christ und steht im Dienste des Evangeliums.

Das Bekenntnis einer Frau, die selbst besprochen hat: „Schon im Kindesalter bin ich besprochen worden. Später lernte ich selbst das Besprechen von einem Mann, den ich dazu hatte kommen lassen, mein krankes Schwein zu besprechen. Nun fing ich selber an, das Vieh bei andern zu besprechen. Danach stellten sich bei mir Gesichte und Erscheinungen ein, und ich hörte Stimmen. Auch hatte nun der Mondschein eine solche Wirkung auf mich, daß ich aus dem Bett gehen und immerzu in den Mond sehen mußte. Auch wurde ich nun von Geistern bedrückt. Wach im Bett liegend, erlebte ich, daß sich etwas Kaltes auf meine Seite legte, sodaß ich mich nicht rühren konnte.
Als ich eines Tages hörte, wie ein Prediger über die Zaubereisünden sprach, konnte ich es nicht ertragen, es länger mitanzuhören, erst recht nicht verstehen, daß das Besprechen Sünde sein sollte, da es doch ‘im Namen Gottes’ geschah und Gott doch auch (wie ich damals dachte) half. Ich hatte aber keine Ruhe mehr, sondern bekannte am anderen Morgen der Schwester, daß ich besprochen worden sei und selbst besprochen habe. Die Schwester betete dann mit mir. Ich erkannte und bekannte die Greuel, die ich ‘im Namen Gottes’ getrieben, nun aber als Satanswerk erkannt hatte. Seitdem habe ich keine Gesichte und Erscheinungen mehr.“

Der Verfasser selbst (Hans Schwendimann) hat sich früher ernsthaft mit Zauberei befaßt. Er weiß, wie mühsam und schwer es ist, gelten zu lassen, daß alle diese ‘Künste’ vor Gott ein Ekel und ein Greuel sind. Er weiß, wie bitter es ist, durch diese vermeintlich ‘guten Taten’ vor dem lebendigen Gott als ein Verfluchter dazustehen. Er weiß aber auch, daß es in Jesus Christus eine völlige Befreiung und Erlösung gibt für jeden, der sie ernstlich und von ganzem Herzen sucht. Auch du kannst frei werden! Und wenn der Feind dir höhnisch sagen sollte: „Deine Sünde ist größer, als daß sie dir vergeben werden könnte“, glaube es ihm nicht. Er ist der Vater der Lüge und ein Lügner von Anfang an. Es gibt Befreiung – auch für dich!

Jesus ist Sieger. Vertrau auf IHN, glaube IHM! Was ist dir wichtiger, die Heilung der Seele oder des Leibes? (Mt 10,28; Lk 17,33).

Wohl bestehen einschlägige Gesetze und Verbote, die bei einigermaßen straffer Handhabung dem Besprechen und Beschwören einen starken Riegel vorschieben würden. In beinahe allen Staaten sind im Strafgesetzbuch ausdrückliche Bestimmungen enthalten, die eine Ausübung von Beschwörungskünsten verbieten. Darunter fällt, streng genommen, auch das in der Sympathieheilkunst angewendete Besprechen. Der Sache selber ist aber damit nicht entscheidend gesteuert. Verbotene Früchte haben oft besondere Anziehungskraft. „Die Welt will betrogen sein", sagt das Sprichwort. In vielen Herzen lebt ein unwiderstehlicher Zug zum Außergewöhnlichen, Geheimnisvollen.

Viele Sympathieheilkundige nennen ihr Handwerk Magnetopathie, Telepathie usw. Damit sind zugleich weite Kreise der Gebildeten für die Sache gewonnen. Und die meinen, es seien natürliche Kräfte im Spiel. **Eine durchgreifende Aufklärung über die Zusammenhänge und Folgen der Sympathie- und Zauberheilpraktiken ist daher nötig.** Durch schonungsloses Aufdecken der angeblichen magischen Geheimnisse kann der ganzen Sache weithin der geheimnisvolle Nimbus genommen werden. Wenn es gelingt, den lauten oder stillen Wundermännern und -frauen die Maske abzureißen, ist schon viel gewonnen. In ihrer Umwelt muß sich die Unkenntnis und die abergläubische Furcht vermindern. Nur damit kann der Sache ein wesentliches Stück von ihrem Nährboden entzogen werden.

Diese Aufklärung muß aber umfassend sein. Es kann sich niemals darum handeln, nur die „Geheimnisse" aufzudecken. Damit allein ist so wenig geholfen wie mit dem Verharmlosen. Eine fruchtbare und nützliche Aufklärung muß vor allem die seelischen Folgen und Auswirkungen eindrücklich und wahr vor Augen führen. Es geht vor allen Dingen um ein Erkennen der Konsequenzen, die eine Zauberheilung nach sich zieht. Dazu muß aber auch der Weg zur eigentlichen Befreiung klar gewiesen werden.

Wie werde ich frei?

Zu einer wirklichen Befreiung gibt es nur einen gangbaren Weg: die persönliche Befreiung. Wie komme ich los? Das ist die entscheidende Frage.

Ja, du kannst frei werden. Du kannst es, und wenn du unter einem noch so schweren Fluch stehst. Es ist dennoch möglich: durch Reue und Umkehr zu Christus. Hast du deine furchtbare Sünde und Verfehlung erkannt? Weißt du, was es heißt, mit einer Greuelsünde belastet vor den heiligen Gott zu treten? Willst du wirklich und aufrichtig deine große Schuld loswerden?

Zuerst muß dir die Schuld bewußt werden, **dann vollziehe einen entschiedenen, klaren Bruch mit allen deinen Zauberangelegenheiten!** Vollziehe ihn heute! Jetzt! In diesen Augenblicken! Es wird dich nicht gereuen.

Entferne und vernichte alle Gegenstände, Bücher und Schriften, die dich daran erinnern! Tu es mit aller Gründlichkeit. Nur eine gänzliche Sinnesänderung kann dir helfen.

Bekenne deine Schuld vor Gott! Nenne sie mit Namen und sage dich los. Suche einen ernsten Seelsorger auf, der in diesen Angelegenheiten Erfahrung hat. Ein rücksichtsloses, offenes Bekenntnis, eine Beichte ist in diesen Dingen unumgänglich.

Jesus Christus, der Gekreuzigte, ist auferstanden. Er hat alle Macht der Finsternis besiegt. Sein Sieg ist auch dein Sieg. Jesus lebt! Jesus siegt! Das ist Wirklichkeit, die du erfahren darfst (Joh 1,12; Eph 1 ff.; Kol 1,13-20).

Es steht geschrieben, daß „der Fürst dieser Welt schon gerichtet ist" (Joh 16,11). Er ist ausgestoßen (Joh 12,31)!

Jesus ist Sieger! Vertrau auf IHN, glaube IHM! ER ist stärker als alle Mächte der Finsternis und will dir Anteil geben an seinem Reich und Frieden. **In Christus ist Erlösung und Heil.**

Nachwort

Als in den Jahren 1981/82 im Rahmen der „Internationalen Wertestudie“ auch nach Glaubensinhalten gefragt wurde, stellte sich heraus, daß in den USA noch zwei Drittel der Menschen an den Teufel glaubten, in Europa nur genau ein Viertel, in Westdeutschland aber nur noch 18 Prozent. Durch die Wiedervereinigung dürfte dieser Anteil für ganz Deutschland noch weiter gesunken sein, nachdem die weitgehend heidnische DDR hinzugekommen ist. Ist also der Teufel aus Europa verschwunden? Ganz gewiß nicht, aber die Leute glauben einfach nicht mehr an ihn! Wie eine Umfrage der „Sunday Times“ vor etwa zehn Jahren in England ergab, glauben selbst 21 Prozent der anglikanischen Geistlichen nicht mehr an die Existenz des Teufels. Angesichts dieser Lage ist das Buch von Anton Beda über die „Plagegeister“ bitter nötig.

Wer die Evangelien kennt, dürfte eigentlich an der Wirklichkeit des Teufels keinen Zweifel hegen. Dennoch kann es nicht schaden, das Wirken des unheimlichen Widersachers Gottes auch in neuerer Zeit kennenzulernen, wofür die Ereignisse im Chiemgau (1946), im Böhmerwald (1881) und in Luxemburg (1842) eindrucksvolle Beispiele liefern. Im ersten Fall hat es sich um die Form der „Umsessenheit“ gehandelt, die vor allem zweierlei erwiesen hat: was doch der Teufel für ein Chaot, ein Feind aller Ordnung, und daß er zudem ein Sadist ist, der alles daransetzt, Menschen zur Verzweiflung zu treiben. Die beiden anderen, dramatischeren Fälle der echten Besessenheit dagegen demonstrieren, welch ungeheure Macht dem „Fürsten dieser Welt“ bisweilen gegeben ist und welchen Kampf es erfordert, ihn zu besiegen.

Doch nicht immer tritt der Satan so offenkundig und gewaltig in Erscheinung; meist geht er viel raffinierter vor und versteckt sich unter den verschiedenen Mäntelchen von spiritistischen und okkulten Machenschaften, wie sie im vorliegenden Buch ausführlich dargelegt sind. Was dabei am meisten erstaunt, ist die Tatsache, daß der Teufel sogar imstande ist, scheinbar Gutes zu tun, z.B. Krankheiten zu heilen, aber immer um den hohen Preis der Seele oder zumindest der seelischen Gesundheit. Gerade in einer Zeit, wo die Esoterik zur

Mode geworden ist, sind die Ausführungen von Anton Beda von größtem praktischen Wert: Hier lernt man, sich selbst und seine Kinder gegen alle möglichen Versuchungen durch Hypnotiseure, Geistheiler, Gurus und andere zwielichtige „Helfer" zu wappnen.

Für mich die erschütterndste Erkenntnis ergibt sich aus der Reaktion des Teufels auf das Magnificat und auf die Gesetzlein des Schmerzhaften Rosenkranzes (S. 37 f.). Wo da gebetet wird: „... der für uns Blut geschwitzt hat", schreit er: „Für uns hat keiner geschwitzt!", und bei den Worten „... der für uns gekreuzigt worden ist" ruft er: „Für uns aber nicht!" – Ja, wahrhaftig, nur für uns Menschen hat Christus gelitten, nur für uns ist er gestorben! Der Teufel hat keinen Anteil daran und ist auf ewig unterworfen, „immer, immer!", wie er damals in Luxemburg gestöhnt hat (S. 44). Da wird deutlich, welche Gnade uns Menschen geschenkt ist. Wir sollten uns sehr hüten, sie zu verscherzen.

Eduard Josef Huber

Anmerkungen

1) Dieser Bericht stammt aus dem „Benediktus-Boten", Salzburg 1949/50, und ist mit kirchlicher Druckerlaubnis auch gesondert als Kleinschrift erschienen.

2) Dr. Josef Miklik hat den ganzen Vorfall auf 133 Seiten sehr ausführlich in tschechischer Sprache veröffentlicht unter dem Titel „Satan na Svaté Hore" (Der Satan auf dem Heiligen Berge). Diese Schrift ist mit Genehmigung des erzbischöflichen Ordinariats in Prag vom 14. Januar 1932, Z. 574 erschienen. Es handelt sich um die Heilung eines besessenen Mädchens aus Bayern auf dem Heiligen Berg. Wir entnehmen diesen Bericht und die folgenden aus dem Buch von Franz Spirago (Konzinator): „Der Teufel in seinem Wirken", Lingen 1933, 97 Seiten, haben uns aber einige Verbesserungen erlaubt.

3) Ein Geistlicher schrieb: „Es sind so manche Personen in Irrenhäusern untergebracht, denen nichts fehlt, nur das, daß diese unglücklichen Menschen an teuflischer Besessenheit leiden." Wenn andere Ärzte auch so klug sind wie Dr. Scharl, ist das wohl nicht ausgeschlossen. Wie kommt es, daß in manchen Irrenhäusern einzelne Irre zu toben beginnen, wenn der Priester beim Gebet nach der hl. Messe den hl. Erzengel Michael anruft? Ein Seelsorger eines Irrenhauses sagte, er müsse diese Anrufung immer weglassen.

4) Der Bischof Johann Theodor Laurent von Luxemburg, der im Jahre 1884 im 80. Lebensjahr gestorben ist, hat darüber einen ausführlichen Bericht hinterlassen. Dieser Bericht ist wörtlich abgedruckt in dem mit Druckgenehmigung des bischöflichen Ordinariats im Verlag von Franz Kirchheim in Mainz 1899 erschienenen Buch von Dr. Josef Keller: „Höllengeschichten", Seite 190 - 201.

5) Priester, zu denen die Besessenen in lichten Augenblicken zur Beichte gingen, machten die Erfahrung, daß der Teufel den Beichtenden zuweilen an der Sprache hinderte, sodaß der Beichtvater, der den Fall begriff, erst durch wiederholte Segnungen und Befehle die Kraft des Satans schwächen mußte.

6) Die folgenden Seiten sind ein Auszug bzw. eine Leseprobe aus dem Taschenbuch von Dr. Kurt Koch: „Heilung und Befreiung" .

LITERATURHINWEIS

Adler M, Balducci C: „Tod und Teufel in Klingenberg. Eine Dokumentation“ Pattloch, Aschaffenburg: 1977. 180 Seiten.

Adler, Manfred: „Die Söhne der Finsternis.“ (Freimaurerei in der Kirche), 3. Teil: „Theologische Finsternis“ Miriam, Jestetten: 1976. 228 S.

Adler, Manfred: „Kirche und Loge“ Miriam-Verlag, Jestetten.

Albrecht, Mark C.: „Reinkarnation, die tödliche Lehre“ Schulte-Gerth, Asslar 1988.

Allen, A: „Dämonische Besessenheit und wie man davon befreit wird“. Leonberg, 1954.

Amorth, Gabriele: „Ein Exorzist erzählt“ (Un Esorcista Racconta), Maria aktuell, Abensberg: 1994; „Exorzisten und Psychiater“ Christiana-Verlag, 2002.

Amorth, G.: „Neue Berichte eines Exorzisten“ Christiana-Verlag.

Amorth, G.: „Dämonische Mächte unserer Zeit. Exorzisten im Gespräch mit Psychiatern“ Unio-Verlag, 2003.

Amorth, G. / Holzer H: „Okkultismus, Magie, Spiritismus. Die wahre Religion Satans.“ Unio-Verlag, 2003.

Anderson, Neil T.: Der die Ketten sprengt. Befreiung aus okkulten Bindungen. Logos-Verlag.

Anderson J.N.D.: JESUS, Krishna, Mohammed. Christentum und Weltreligionen in der Auseinandersetzung. Oncken Verlag, Wuppertal: 1972. 118 Seiten (Christianity and Comparative Religion, London 1970).

Antholzer, Roland: „Mächte der Bosheit. Okkultbedrohung u. Seelsorge“. Schwengeler-Verlag, CH-9442 Berneck: 1998. www.factum-magazin.ch

Aradi, Zsold: „Wunder, Visionen und Magie“ Salzburg 1959. 384 Seiten.

Athanasius: „Das Leben des hl. Antonius von Ägypten (+ 356)“. Bibliothek der Kirchenväter, Bd. 31, Herausgegeben von Dr. 0. Bardenhewer (nach Migne PG 26,835ff). Kösel, München: 1917.101 Seiten.

Auer, Ratzinger :„Die Welt – Gottes Schöpfung“ (Die Schöpfungslehre: Welt, Engel und Geschöpfe). Kleine kath. Dogmatik, Regensburg: 1975. 576 Seiten.

Bader M: „Der alte Fließer Pfarrer, Simon Alois Maaß“ (1758-1846; berühmter Exorzist u. Prophet). Innsbruck 1899 und 1934. 332 Seiten.

Badewien, Jan: „Anthroposophie. Eine kritische Darstellung.“ Konstanz 1990.

Bächtold-Stäubli H.: „Handwörterbuch des Aberglaubens“. Gruyter, Berlin 1936. 10 Bände (je ca. 1.000 Seiten).

Balducci, Corrado: „Priester, Magier, Psychopathen. Grenze zwischen Wahn und Teufel“ (La possessione Diabolica. Roma 1974.) Aschaffenburg: 1976. 248 Seiten, München: 1982.

Bangha, Adalbert S.J.: „Welt und Überwelt. Das ewige Reich im Kampf der Zeit“ (Die Welt der Engel) Innsbruck: 1938. 204 Seiten.

Baral, Karl: „Anthroposophie“ Haenssler-Report; 138 Seiten (Klare Unterscheidungen).

Bauer, Paul: „Horoskop und Talismann. Die Macht des heutigen Aberglaubens und die Macht des Glaubens“. Quell-Verlag, Stuttgart: 1963. 288 Seiten. Vergriffen.

Baum, Hans/Robert Prantner: „Freimaurerei und Kirche sind unvereinbar“. Christiana-Verlag.

Bautz, F. W.: „Die CHRISTENGEMEINSCHAFT und die ANTHROPOSOPHIE.“ Worte der Aufklärung. Gladbeck: 1976. 40 Seiten.

Bautz, F. W.: „Die PFINGSTBEWEGUNG“. Worte der Aufklärung und Abwehr. Gladbeck: 1976. 32 Seiten.

Beda, Anton: (= Josef Stocker) „Der Spuk im Chiemgau. Besessenheit, Sympathieheilungen und Besprechen“. Wien: 1977. 168 Seiten.

Bergmann, Gerhard: „Jesus Christus ODER Buddha, Mohammed, Hinduismus?“ Gladbeck 6/1976. 56 Seiten.

Bergmann, Gerhard: „Was kommt auf uns zu?“ (über Gruppendynamik…) Telos S 802. Hänssler, Stuttgart 2/1975. 168 Seiten.

Bernet, Anne: „Die Engel. Unsere himmlischen Helfer“ („Enquete sur les anges“) Parvis, Hauteville: 1998. 446 Seiten.

Bichlmair, Georg S.J.: OKKULTISMUS und Seelsorge. (Spiritismus etc.) Innsbruck 1926. 132 Seiten.

Bjornstadt James/Shildes Johnson „HOROSKOP und Wassermann. Der Irrweg der Astrologie im Lichte der Bibel“. Christliche Verlagsanstalt

Konstanz: 1973.168 Seiten.

Blau, Ludwig: Das Altjüdische Zauberwesen (Budapest 1898). Reprint, Graz: 1974. 168 Seiten.

Blumhardt, Joh. Christ.: „Der Geisterkampf in Möttlingen". Basel 1976.

Bot, Jean-Marc: „Wagen wir, wieder von der Hölle zu sprechen". Parvis; 224 Seiten.

Böhm, Anton: „Epoche des Teufels". Stuttgart: 1955. 170 Seiten.

Bonniot, J. von; S.J. „WUNDER und Scheinwunder" (aus dem Frz. übers.) Mainz: 1889. 455 Seiten (alt, aber lesenswert!)

Brik, Hans Theodor: „Gibt es noch Engel und Teufel?". Stein am Rhein. 180 Seiten (Aschaffenburg: 1975; lesenswert!).

Brik, Hans Theodor „Unsichtbare Mächte — Von der Engelwelt". Veritas, Linz/Passau 1966. 96 Seiten.

Broadbent/Hubmer „Heute noch in ZUNGEN reden?" (Wundererscheinungen und Endzeit) Liebenzeller Mission 1975. 176 Seiten.

Brüning, Erich/ Graf: „Freimaurerei, Wolf im Schafspelz!". Schwengeler Verlag, Berneck: 2001.

Brüning E, Deppe H, Gassmann L: „Projekt Einheit. Rom, Ökumene und die Evangelikalen". www.betanien.de 2004.

Brüning E: „Der fremde Agent. Freimaurerei, Vatikan und die Evangelikalen". Wuppertal: 2005; ISBN 3-87857-326-X.

Bubeck, Dr. Mark: „Der Todfeind – überwinde ihn!". 300 Seiten; 3-929344-10-6 (Sebulon, Hauptstraße 48, D-51709 Marienheide).

Bühne, Wolfgang: „Spiel mit dem Feuer". (Abriss der Geschichte der charismatischen Bewegung und Beurteilung der einzelnen Lehren). CLV = Christliche Literatur-Verbreitung, Bielefeld.

Casper, Josef: Sekten, Seher und Betrüger. Innsbruck: 1960. 108 Seiten.

Christlicher Glaube und DÄMONENLEHRE. Herausgegeben von der Kongregation für die Glaubenslehre in Rom (Osservatore Romano 27/1975). Veritas Verlag, Linz/Passau 1975. 56 Seiten.

Coralf: „MAITREYA = Christus oder Antichrist?" KMV, Haan: 1997; ISBN 3-9802437-9-6.

Corte, Nicolas: „Unser Widersacher, der TEUFEL“ (Reihe: Der Christ in der Welt, V,5). Pattloch Aschaffenburg: 1957. 124 Seiten.

Cruz, Nicky: „Der TEUFEL ist los! … Wege, den dämonischen Kräften von Aberglauben und Schwarzer Magie standhaft zu begegnen“. Christliche Verlagsanstalt, Konstanz.

Dam, Willem C. van: „Dämonen und Besessene in Vergangenheit und Gegenwart“. Aschaffenburg: 2/1975. 311 Seiten (lesenswert!).

Dam, W. C. van: „SATAN existiert. Erfahrungen eines Exorzisten“. Augsburg: 1994.

Doyon, Josy: „Ich war eine Zeugin JEHOVAS. Bericht über einen Irrweg“. Siebenstern TB 164. Gütersloh: 1976. 155 Seiten. („Hirten ohne Erbarmen“. Zürich 1966. 332 Seiten).

Dörner, Reinhard: „Kirche - Zeichen des Widerspruchs. Gnosis, Aufklärung, New Age - Kirchenkrise“. Direkt bei: Initiativkreis, Prozessionsweg 24, D-48712 Gescher.

Dossmann, Daniel: „Yoga - Weg zur Freiheit?“ Bericht einer Suche. ISBN 3-927744.

Ebertshäuser, Rudolf: „Die charismatische Bewegung im Licht der Bibel“. CLV, Bielefeld: 1995.

Ebner, Karl: „Die wundermächtige Kraft des Namens JESU“. www.verlag-anton-schmid.de

Emmerich, A. K.: „Das Leben der gottseligen Anna Katharina Emmerich“. Von P. Schmöger. Freiburg, Herder: 1870. XVIII + 547 + XIV + 903 Seiten (1873 = bereits gekürzt).

Emmerik, Anna Katharina: „Der GOTTESKREIS“. (Urtexte ihrer Visionen). München: 1966. 598 Seiten.

EXORZISMUS der kath. Kirche. Lt/dt. 102 Seiten. Stein am Rhein.

Frumentius Renner OSB: „Im Kampf gegen Magie und Dämonie. Satan und sein Wirken.“ 1998; 172 Seiten. Verlag Sankt Meinrad, Drosselweg 5, D-53489 Sinzig. ISBN 3-927593-26-5.

Gassmann, Lothar: „Okkultismus, östliche Religionen, New-Age“ VLM;

Gassmann, L: “ESOTERIK als Lebenshilfe? Die Wahrheit über Spiritismus, Magie…“ Verlag für Reformat. Erneuerung; ISBN 3-87857-306-5.

Gaume: „Die Lehre vom Hl. Geiste - allgemeine Geschichte der beiden GEISTER, die sich um die Herrschaft der Welt streiten ...“ (aus dem frz.). Regensburg: 1965. 573 + 452 Seiten.

Geiger, Theodor: Maria im Kampf mit dem Drachen. Erfahrungen eines Exorzisten (Basel 1935, 104 S.). Wien, 3/1977. 96 Seiten (Anton Beda!).

GERBER, Daniel: „ESOTERIK. Die unerfüllte Sehnsucht“ Brunnen-Verlag, Basel: 2001; 3-7655-1227-3.

Giovetti, Paola: „ENGEL. Die unsichtbaren Helfer der Menschen“. München: 1991, 266 Seiten .

Goodmann, Felicitas: „Anneliese Michel und ihre Dämonen. Der Fall Klingenberg in wissenschaftlicher Sicht“. Christiana-Verlag, 2004

Gottwaldt W, Seitz: „Biblisches Zungenreden heute? Zur Unterscheidung der Geister“. Bad Liebenzell: 1973. 54 Seiten. Sehr gut!

Görres, Josef: MYSTIK (Sammlung von Phänomenen in 5 Bänden; Satan und Besessenheit bes. Bd. IV:1-142). Manz, Regensburg 1840.

Graham, Billy: „ENGEL - Gottes Geheimagenten“. Telos PP 1092. Stuttgart 1975. 127 Seiten.

Gutwenger, Dr. Lisl: „Treibt Dämonen aus! Das Wirken evangelischer und kath. Exorzisten. Von Blumhardt bis Rodewyk“ Christiana-Verlag, 1992. 260 Seiten.

Günther, Bonifatius OCD: „SATAN, der Widersacher Gottes“. Christiana-Verlag und Pattloch, Aschaffenburg: 1972. 252 Seiten.

Haack, Friedrich-W.: Die neuen Jugendreligionen (Krishna; Mun-Vereinigungskirche; Scientology Sea-Org; Divine Light Mission; Children of God). Hänssler, 1976. 88 Seiten.

Hagen, Martin S.J.: „Der TEUFEL Im Lichte der Glaubensquellen“. Herder, Freiburg Br. 1899. 70 Seiten (mit Bibelstellenregister).

Hauth, Rüdiger: „Hexen, Gurus, Seelenfänger“ Brockhaus, Wuppertal 1994; (Yoga, Reinkarnation, Rosenkreuzer, Scientology, neue Kulte); 208 Seiten;

Heide, Manfred: „Irrwege des Heils … Spiritismus, Yoga, Magie, Akupunktur…“ Schulte+Gerth.

Heiser, Lothar; Die Engel im Glauben der Orthodoxie. Paulinus Verlag,

Trier: 1976. 292 Seiten.

Hermann, J. „Das falsche Weltbild. Astronomie und Aberglaube. Eine kritische Untersuchung über fliegende Untertassen und Astrologie". Stuttgart 1962.162 S. (dtv-Taschenbuch 958, München 1973.

Hilborn, David (Hrsg.) „Die Wirklichkeit der Hölle. Biblische Leitlinien zu einem verdrängten Thema" (engl. The Nature of Hell), Brunnen-Verlag, Gießen: 2004 (Biblisch klar).

Hierzenberger, Gottfried „Die Boten Gottes – Helfer der Menschheit. Die Engel biblisch gesehen" Tyrolia, Innsbruck: 1990; 256 Seiten.

Hoeneisen, Rolf „STEINZAUBER. Warum Edelsteine nicht heilen können" www.schwengeler.ch (und: „Blüten, Steine, heilende Hände. Heilung durch kosmische Kräfte?" www.haenssler.de).

Holböck, Prof. Dr. Ferdinand: „Vereint mit Engeln und Heiligen" Stein am Rhein.

Huber, Georges: „Weiche SATAN!" Christiana-Verlag: 1997; 144 Seiten.

Huber, Georges: „Nikolaus Wolf von Rippertschwand" Stein am Rhein: 2004; 160 Seiten.

Huber, Georges: „Mein ENGEL wird vor dir herziehen" Stein am Rhein; 230 Seiten.

Hubmer, Fritz: „Zungenreden, Weissagung, umkämpfte Geistesgaben". Gnadauer, Denkdorf 1972. 174 Seiten (vergl.: „Heute noch in ZUNGEN reden?" Wundererscheinungen u. Endzeit. Bad Liebenzell 1975. 176 S.

Hunt, Dave: „Götter, Gurus und geheimnisvolle Kräfte" Brunnen, Basel: 1984 (sehr klarer Durchblick, aber leider vergriffen).

Hunt, Dave: „Die okkulte Invasion" Paperback, 640 S.; CLV Bielefeld, 1999; ISBN 3893972722.

Hunt, Dave: „Die Verführung der Christenheit" Okkultismus, New Age. CLV, Bielefeld: 1987.

Hutten Kurt: „Seher, Grübler, Enthusiasten. Sekten und religiöse Sondergemeinschaften". Quell-Verlag, Stuttgart 11/1968. 822 Seiten.

Ignatius v. Loyola: „Geistliche Übungen" (Die Exerzitien mit Anhang: Regeln zur Unterscheidung d. Geister). Herder, Freiburg Br.: 1976. 192 S.

Jacob, Sybille-Christin; Detlef Drewes: „Aus der WALDORF-Schule geplaudert. Warum die Steiner-Pädagogik keine Alternative ist“ Alibri, Aschaffenburg: 22004, 3-932710-843

Jacobs, Manfred: „Die Freimaurerei als Politischer Faktor“ www.verlag-anton-schmid.de

„Jerusalemer Bibel“ Hrsg. von A. Deissler und A. Vögtle Einheitsübersetzung mit dem Kommentar der Jerusalemer Bibel, 15,3 x 20,7 cm, 1900 Seiten, Festeinband, Sonderausgabe, EUR 35,- ISBN 3-451-27800-6.

Johannes vom Kreuz: „Aufstieg auf den Berg Karmel“ (Band 1) Hrsg., Ulrich Dobhan, Elisabeth Hense u. Elisabeth Peeters. Herder Spektrum Bd.4802. 1999. 495 S. ISBN: 3-451-04802-7, KNO-NR: 08 28 51 60 .

Johannes vom Kreuz: „Die Dunkle Nacht“ (Band 2). Vollst. Neuübers. Hrsg. u. übers. v. Ulrich Dobhan, Elisabeth Hense u. Elisabeth Peeters. Herder Spektrum Bd.4374. 1995. ISBN: 3-451-04374-2, KNO-NR: 05 77 98 43.

Jones, E. Michael: „Der Medjugorie-Betrug. Geschichte und Fakten zu seiner Aufdeckung“ 568 Seiten, Verax-Verlag, CH-7537 Müstair, Pasquer 82.

Jonsson, Ursula: „Die Basisallergie. So heilen Sie sich selbst von chronischen Krankheiten“ Norderstedt: 2004; ISBN 3-8334-1798-6 www.basisallergie.de

Johnston, William S.J.: Der ruhende Punkt. ZEN und christliche Mystik (Aus dem engl: The still point). Herder, Freiburg Br.: 1974. 220 Seiten.

“Katechismus der Katholischen Kirche (KKK)“ korrigierte Neuauflage 2004 (Über Sturz der Engel, Erschaffung, Sündenfall und Erlösung) .

Keller, Dr. Joseph A: „Die Hölle existiert“ Durach: www.verlag-anton-schmid.de

Kelsey, M.T.: „ZUNGENREDEN“ (Pfingstbewegung; pos. und neg. Aspekte). Reihe: Bibel-Kirche-Gemeinde, Bd. 6. Chr. Verlagsanstalt, Konstanz: 1970. 264 Seiten.

KERNER, Justinus: „Geschichte Besessener neuerer Zeit“. Stuttgart: 1834.

Koch, Dr. Kurt E.: „Seelsorge und Okkultismus“ Behandlung und Hilfe für Menschen, die durch die Beschäftigung mit okkulten Dingen seelisch angefochten oder erkrankt sind. Spiritismus, Medialität, Hellsehen, Wunderheiler. 26. Auflage 1998. Koch, Osterläng Str. 47, D-73527 Schwäbisch-Gmünd; oder: www.haenssler.de

Koch, Dr. Kurt: „HEILUNG und Befreiung. Hilfe für okkult belastete Menschen“. (Mantik, Magie). Hänssler, Stuttgart 1976. 136 Seiten (Lesenswert!)

Koch, Dr. Kurt: „Christus oder Satan. Wahrsagen, Magie, Spiritismus“. Hänssler-Verlag 1998.

Koch, Dr. Kurt: „OKKULTES ABC“ (Okkulte Phänomene und ihre Deutung aus der Sicht der Bibel). Brunnen-Verlag, Basel: 1977. 544 S.

Koch, Dr. Kurt: „WAHRSAGEN. Die Mantik und die Folgen“. www.haenssler.de, 64 Seiten. / „Der Spiritismus“, 48 Seiten. / „Die Magie“, 48 Seiten. / „JESUS HEILT“. Hänssler-Verlag: 1975. 80 Seiten.

Koch, Dr. Kurt: The devil's alphabet, 160 Seiten (Hänssler 84.622). Demonology, past und present, 162 Seiten (Hänssler) Michigan Occult Bondage and Deliverance, 200 S. (Hänssler 84.618). Between Christ and Satan, 192 Seiten (Hänssler). Christian Counselling and Occultism, 300 Seiten (Diss.).

Koller, W.: „BLUMHARDTS Kampf. Krankheitsgeschichte der Gottliebin Dittus in Möttlingen“. Goldene Worte, Stuttgart 15/1975. 68 S.

Kollmar, Edgar: „Herausforderung Anthroposophie. Wie christlich ist die Anthroposophie?“ Wuppertal .

Kremer, Emil: „Geöffnete Augen. Über Satans List“ (Zauberei, Götzendienst..). Hänssler Stuttgart, 16 . Aufl. 1977.120 Seiten www.haenssler.de

Kriese, Richard: „OKKULTISMUS im Angriff“. Telos PP 1073. Hänssler, Neuhausen: 1976. 224 Seiten (wertvoll; vergr.).

Kriese, Richard: Dein Leid ist nicht sinnlos. Francke, Marburg/ Lahn 1976. 118 Seiten Vergleiche: Kriese „Besiegte Schwermut“ Telos 55, 208 Seiten.

Kuen, Alfred: „Die charismatische Bewegung. Versuch einer Beurteilung“. ABC-team A90. Brockhaus Verlag, Wuppertal: 1976. 92 S.

Kühn, Heinz: Das Reich des lebendigen Lichtes. Die ENGEL in Lehre und Leben der Christenheit. Berlin 1947. 340 Seiten (vergr.).

Lama, Friedrich von: „Ein Büchlein von den Engeln“. Christiana-Verlag.

LARSON, Bob: „Das große Buch der Kulte“ (über Religionen, Reinkarnation; Yoga). Francke 1992 (sehr wertvoll).

LARSON, Bob: „Irrwege der Religiosität“. Telos 7691, www.haenssler.de

Laubach, Fritz: „KRANKHEIT und HEILUNG in biblischer Sicht“. Brockhaus TB 1057, Wuppertal 1976. 48 Seiten.

Laurentin, René: „Der TEUFEL. Mythos oder Realität? Die Lehre und die Erfahrungen Christi u. der Kirche“. Parvis-Verlag, CH-1648 Hauteville.

Leahy, Frederick S.: „SATAN. Besiegt u. ausgestoßen. Eine Studie in biblischer Dämonologie“. Wartburg Verlag, 1998. („Satan cast out“ 1975).

Lecanu A: „GESCHICHTE des SATANS. Sein Fall, seine Anhänger, seine Offenbarungen, seine Werke…“ (aus dem franz.). Regensburg 1863. 430 Seiten (heute noch lesenswert!).

Lechler, Dr. med. Alfred: „Krankheit oder Dämonie?“. Verlag Goldene Worte, Stuttgart o. J. (ca 1970). 96 Seiten.

Lechler, Alfred: „Die Prüfung der Geister“. Bundes-Verlag, Witten 1960. 71 Seiten.

Lechler, Alfred: „Seelische Erkrankungen und ihre Heilung“. 7/1975. 112 S. /Ein Arzt gibt Lebenshilfe. Telos TB 41. 1974. 84 Seiten /Wir brauchen Entspannung. Basel 9/1976. 78 Seiten; www.haenssler.de

Leahy, Frederick S.: „SATAN. Besiegt und ausgestoßen. Eine Studie in biblischer Dämonologie“. Wartburg.

Leitz, Hermann: „ENGEL gibt es. Die Welt der Engel und Dämonen“. Telos TB 125. Bad Liebenzell 5/1975.100 Seiten.

Lintner, Thomas: „Stellenwert von Privatoffenbarungen am Beispiel der ‚Gospa‘ von Medjugorje“. Verlag Traugott Bautz, Nordhausen 2003, ISBN 3-88309-126-X.

Lorenz, Erika: „Vom Karma zum Karmel. Erfahrungen“. Herder TB 1638 (Anthroposophie).

Lubahn, Erich: „Schwarmgeist und Heiliger Geist. Versuch einer biblischen Deutung“. Brockhaus, Wuppertal: 1976. 48 Seiten.

Lucarini, Dan: „Worship bis zum Abwinken. Bekenntnisse eines ehemaligen Lobpreisleiters“. Bethanien-Verlag; www.bethanien.de

Lutzer, Erwin: „Wer bist du, dass du andere richtest? Lernen… zu unterscheiden“ (Wie man Wunder und Geist Erscheinungen beurteilt. Regeln zur Unterscheidung der Geister!) Dillenburg: 2003.

Lutzer, Erwin: „Ein Blick hinter die Kulissen. Wer regiert, Gott oder Satan? 3-89436-174-3.

Lüscher, Pfr. Albert: „Im Bannkreis des Aberglaubens und der Zauberei“. Basel 6/1958. 102 Seiten (Verlag erloschen).

Mangalvadi, Vishal: „Esoterische Kräfte“ (Monismus, Gurus). Hänssler, 1998; 302 Seiten.

Matzka A.L.: „THEOSOPHIE und Anthroposophie. Darstellung und Kritik vom Gesichtspunkt des Christen“. Pustet, Graz 1950. 240 S.

Mersch, Peter: „MIGRÄNE. Heilung ist möglich“. 464 Seiten, Norderstedt: 2006. ISBN 3-8334-4638-2. Low Carb Ernährung hilft! www.mersch.com

Mertensacker, Adelgunde: „Irrwege des Glücks - Esoterische Medizin von A-Z“. 240 Seiten, Kurier-Redaktion, Lippstädter Str. 42, D-59329 Wadersloh, Telefon: +49-(0)2523-8388; info@christliche-mitte.de; www.christliche-mitte.de

Mildenberger, M.: „Heil aus Asien? Yoga, Hinduismus, Zen, Buddhismus und asiatische Sekten aus christl. Sicht“. Quell-Verlag, Stuttgart: 1974. 102 Seiten.

Mildenberger, M.: „Die Macht der süßen Worte. Kritik der Transzendentalen Meditation aus der Sicht der Bibel“. Aussaat, Wuppertal: 1977. 152 Seiten.

Modersohn, Ernst: „Im Banne des Teufels. Aufklärung über Spiritismus und Okkultismus“. Telos TB 114. Francke, Marburg: 12/1975. 124 S.

Monden, Luis S.: „Theologie des WUNDERS“ (Aus dem Niederländischen). Herder, Freiburg: 1961. 357 Seiten (sehr gut; vergr.).

Müller, Bischof Gerhard Ludwig: „Katholische Dogmatik für Studium und Praxis der Theologie“. Freiburg Br.: 2005.

Müller, Paul: „Unter Leiden prägt der Meister. Vom Sinn und Segen der Krankheiten u. Nöte des Lebens“. Paulus-Verlag, Heilbr.: 1974.102 S.

Nagel, G. F. „Wege in die Geisterwelt“ (Gegen Spiritismus, Sympathie, Wahrsagerei). Hamburg“ 1925.106 Seiten (evang., vergr.).

Nitsche, Walter / Benedikt P.: „Dämonische Verstrickungen - Biblische Befreiung“. Schwengler/Telos; www.factum-magazin.ch

Österreich, K. T:. „Die Besessenheit“. Langensalza 1921 (evangelisch).

Omez, R Reginald O.P.: „Kann man mit den Toten in Verbindung treten?“ (Reihe: Bibliothek Ecclesia, 3). Pattloch, Aschaffenburg: 1957; 150 Seiten (sehr gut).

Ortner, Reinhold: „Die Finsternis trägt den Namen LUZIFER. Die geleugnete Realität: das zerstörerische Wirken Satans“. Christiana-Verlag, Stein am Rhein: 1999. 352 Seiten.

Ott, Ludwig: „Grundriss der Dogmatik“, 11. Aufl. nova & vetera, Bonn: 2005, ISBN 3-936741-25-5 (gute, konservative Dogmatik der kath. Kirche, neu gedruckt).

Ouweneel, Willem J.: „Okkultismus und östliche Mystik“. Amtzell (Allgäu): 1985.

Rache, Rene: „Die Welt der Geister“. Wuppertal 1975. 80 Seiten.

Pache, Rene: „Das JENSEITS“ (Tod, Auferstehung, Himmel, Hölle). Wuppertaler Bibelstudien, Brockhaus 2/1976. 224 Seiten (evangelisch).

Pape, Günther: „Ich war ZEUGE JEHOVAS“. Pattloch, Aschaffenburg: 5/1975.162 Seiten.

Peters, Benedikt: „Der Geist der Erweckung … und die charismatische Bewegung“. Betanien-Verlag, 2001

Petersdorff, Egon von: „DAEMONOLOGIE“. 2 Bände. München: 1957. 416 + 508 Seiten (Fundgrube über Mantik, Magie…). Reprint: Christiana-Verlag, Stein am Rhein: 2003

Petit Francois O.P. – Wendland: „Das Böse“. Bibliothek Ecclesia: Nr. 11. Pattloch Verlag, Aschaffenburg: 1959.156 Seiten.

Pfeifer, Samuel: „Gesundheit um jeden Preis? Alternative Medizin und christlicher Glaube“. TB, Brunnen-Verlag Basel. ISBN: 3-7655-5831-1 (wertvoll)

Poser, Casper von: „Vom Teufel besessen“. (Ausstieg aus einer Sekte)

Pölz, Dr. P. Amand: „Das Verhältnis Christi zu den DÄMONEN auf Grund der Evangelienbücher“. Innsbruck 1907. 144 Seiten.

Probst M, Richter K: „Exorzismus – Liturgie zur Befreiung vom Bösen?

Zu einer notwendigen Diskussion in der katholischen Kirche“ (kritisch).

Prokop, Otto/Wimmer W: „Der moderne Okkultismus. Magie und Wissenschaft im 20. Jhdt.“. G. Fischer Verlag, Stuttgart 1976. 207 Seiten.

Rahner, Karl S.J.: VISIONEN und PROPHEZEIUNGEN (Reihe: Quaestiones, Nr. 4). Herder-Verlag, Freiburg 3. erw. Aufl. 1960. 108 Seiten.

Raupert, John G.: „Meine Erfahrungen mit dem Jenseits“ (Offenbarungsspiritismus). Wien: 1977. 192 S.. (Christ and the Powers of Darkness).

Ray, Maurice „YOGA - Ja oder Nein?“. Wuppertal: 1976. (vergleiche Bob Larson).

Rathgeber, Alphons Maria „Teufel und Hölle“. Würzburg: 1955; 144 S.

Recheis, Athanas OSB „Die ENGEL sind mächtige Geister“. Wien-Passau: 1972. 94 Seiten.

Regamey, Pie-Raymond „Die Welt der ENGEL“ (Reihe: Der Christ in der Welt V,4). Pattloch, Aschaffenburg: 1961. 126 Seiten.

Reiners, Dr. Ludwig „Steht es in den STERNEN? Eine wissenschaftliche Untersuchung über die Astrologie“. (Ihr Todesurteil). München: 1951. 202 Seiten (vergriffen).

Rocca, Anette „Über den Teufel und sein Wirken“. Hacker, Gröbenzell: 1966.148 Seiten.

Rodewyk, Adolf S.J. „Die dämonische BESESSENHEIT“. Aschaffenburg: 1963. 231 Seiten.

Rodewyk, A (S.J.) „Besessenheit heute. Tatsachen und Deutung“. Aschaffenburg: 1966. 268 Seiten.

Rodewyk, A. (S.J.) „Der Teufel ernst genommen“. Christiana-Verlag; Stein am Rhein

Rohrbach, Hans „Mit dem Unsichtbaren leben. Unsichtbare Mächte und die Macht Jesu“. Brockhaus, Wuppertal: 1976. 120 Seiten. Lesenswert!

Roskoff, Gustav „Geschichte des Teufels“. Leipzig: 1869; 2 Bände.

Rothkranz, Johannes „Die Zehn Gebote Satans. …“ gegen die Freimaurerei. („Le Décalogue de Satan“) 2004; Verlag Anton Schmid, Postf. 22, D-87467 Durach; www.verlag-anton-schmid.de (siehe auch: Frank Hills)

Rothkranz, J: „Die Verfinsterung d. Kirche“ www.verlag-anton-schmid.

de; Frank Hills „Greuel der Verwüstung an heiliger Stätte“.

Ruthe, Reinhold: „Medien, Magier, Mächte“. Über Aberglaube, Okkultismus und Parapsychologie. Aussaat Verlag, Wuppertal: 1968. 168 S.

Ruthe, Reinhold: „SPIEL mit den GEISTERN. Die okkulte Welle.“ Brockhaus.

Scaramelli, Joh. Bapt. S.J.: „Die UNTERSCHEIDUNG der Geister zu eigener und fremder Seelenleitung“ (Anhang von Card. Bona). 2. Aufl. gänzlich umgearbeitet von P.B. Lierheimer. Regensburg 1888 (3/1904). 324 S.

Schaub, Stefan: „Ernährung + Verdauung = Gesundheit. Die Fundamente des Gesundbleibens“. ISBN: 3-907547-07-1; Schaub-Institut, www.schaub-institut.ch

Schäble, Walter: „Das magische Zeitalter“. Schriftenmissions-Verlag, Gladbeck: 1954. 115 Seiten, (leider vergriffen).

Schamoni, Wilhelm: „Wunder sind Tatsachen. WUNDER der Heiligen - Eine Dokumentation aus Heiligsprechungsakten“. Würzburg 1976; 374 S.

Scheffcyk, Leo – Ziegenaus, Anton: „Katholische Dogmatik; Band III, Schöpfungslehre“. Aachen: 1997 (8 Bände).

Schlier, Heinrich: „Mächte und Gewalten im Neuen Testament“. (Quaestiones Disputatae Nr. 3) Herder, Freiburg: 1958. 63 Seiten.

Schnell, W.: „Falsche ZEUGEN wider mich. 30 Jahre Sklave des Wachtturms“. Christliche Verlagsanstalt, Konstanz: 2/1976. 198 Seiten.

Schömig, Dr. Susanna: „BOTEN GOTTES - Helfer der Menschen. Die wichtigsten Aussagen über die Engel“. Veritas, Linz: 1973. 96 S.

Schumacher, Joseph: „Esoterik- Die Religion des Übersinnlichen. Eine Orientierungshilfe nicht nur für Christen“. Okkultismus, Spiritismus, New Age. Bonifatius, Paderborn: 1994.

Schwendimann, Hans: „Sympathie-Heilkunst und Zauberei. Besprechen und Beschwörungskünste“. St. Gallen 2/1951. 46 Seiten. (Warnung vor Heilpraktikern!).

Schwendimann Hans: PENDEL und RUTE. Aberglaube oder Wissenschaft? Ev. Buchhandlung St. Gallen 1949. 76 Seiten (vergr.).

Schwendimann Hans: Fernheilkunst. Magnetopathie, Telepathie. St. Gallen/Flüeli Valzeina 1951 . 46 Seiten.

Schwengeler, Bruno: „Verschobene Proportionen“ (Hl. Geist - dämonischer Geist). Telos TB 132. Hänssler (70.132), Heerbrugg 1975. 120 S.
Seibel, Alexander: „Die sanfte Verführung der Gemeinde“. Telos TB 584, 98 Seiten.

Seibel, A.: „Dass Euch niemand verführe!“ Charismatik/Schwarmgeisterei. Edition C.

Siedenschnur, G.: „Geheimwissenschaft oder evangelische Wahrheit?“ Auseinandersetzung mit der Anthroposophie. Verlag Goldene Worte Stuttgart 1973; 110 Seiten.

Siegen, Johann: „Der Erzengel Michael“ Christiana-Verlag, 104 Seiten.

Siegmund, G.: „Der Mensch zwischen Gott und dem Teufel.“ Aschaffenburg 1978.

Siegmund, G.: „Der EXORZISMUS der katholischen Kirche“. Christiana-Verlag 2005.

Siegmund, G.: „Von Wemding nach Klingenberg. Vier weltberühmte Teufelsaustreibungen“. Stein am Rhein: 2003; 176 Seiten.

Skambraks, Ulrich: „Vorsicht Geistheilung! Was die Wunderheiler verschweigen“. Schulte + Gerth, Asslar: 1987.

Slade, Elvira Maria: „Maria. Die unbekannten Seiten der >Mutter Gottes<“. Verlag für Reformatorische Erneuerung, Kaiserstr. 78; D-42329 Wuppertal: 2003. ISBN: 3-87857-315-4, 352 Seiten (Die Maria der Erscheinungen ist nicht die in der Hl. Schrift beschriebene Mutter des Erlösers Jesus.).

Spesz, Dr. A.: „Okkultismus und Wunder“ (im Lichte der kath. Wissenschaft und des Glaubens). Hildesheim 1929. 215 S. (vergr.).

Spirago, Franz: „Der Teufel in seinem Wirken“. D-87467 Durach; Fax: 0831/21895l, www.verlag-anton-schmid.de

Sprenger J, Institoris H.: „Der Hexenhammer“. (Malleus Maleficarum, It. 1487). Berlin 1906. Unveränderter reprographischer Nachdruck: Wissenschaftliche Buchgesellschaft, Darmstadt 1974. 802 Seiten (Nr. 6920).

Stemmler, Klaus: „HOMÖOPATHIE, Religion der sanften Macht“. ISBN 3-929344-00-9, 230 Seiten. (Sebulon, Verlag 7000, Hauptstraße 48, D-51709 Marienheide).

Stolz, Benedikt OSB: „Die Macht Mariens über die Dämonen. Ein Tatsachenbericht über einen Besessenheitsfall aus der China-Mission (1930)“. Jestetten: 1972; 105 Seiten.

Straube, Richard: „Die Wahrheit wird euch freimachen. Okkulte Belastung und Seelsorge“. Brockhaus, Wuppertal: 1997.

Sutter: „Satans Macht und Wirken (Illfurt)“. Hacker, Gröbenzell 6/1 966. 205 Seiten.

Thomas v. Aquin: „Vom Wesen der Engel“. Stuttgart: 1989, 176 Seiten.

Tibusek, Jürgen: „Der Christus des neuen Zeitalters. Die zukünftige Welteinheitsreligion“.

Trimondi, Victor: „Hitler, BUDDHA, KRISHNA: eine unheilige Allianz“. (Dalai Lama) Ueberreuter.

Twisselmann, H.: „Vom ZEUGEN JEHOVAS zum Zeugen Jesu Christi“. Brunnen Verlag, Giessen: 1975. 116 Seiten.

Vogel, Pfr. L.: „Die göttliche Waffenrüstung“. CH-8001 Zürich, Trittlig. 3.

Waldvogel-Frei, Bruno: „Und der Dalai Lama lächelte. Die dunklen Seiten des tibetischen Buddhismus. Hintergründe, Interviews“. 2002; ISBN 3-85666-386-X; http://www.schwengeler.ch

Wasserzug-Traeder, G.: Was sagt die Bibel über Krankenheilung? Verlag Bibelschule Beatenburg: 1958. 89 Seiten.

Weyer, J: „Die eigentliche Feindschaft wider Gott. Ursprung, Wesen und Folgen der Abergötterei“. Berlin: 1929. 168 Seiten.

Weyer, J: Gestaltwandel der Götter. Vom heidnischen Götter- zum „christlichen“ Heiligenkultus. Berlin: 1933.78 Seiten.

Weyer, J: „Ist die Wünschelrute ein Mittel oder ein Zaubermittel?“ Bergholz-Rehbrücke (1933). 24 Seiten. „Vom siderischen Pendel: Dürfen Gläubige ihn anwenden oder ihn für sich anwenden lassen?“ Selbstverlag o. J. (1931) . 16 Seiten.

Winklhofer, Alois: „Traktat über den Teufel“. Frankfurt 1961. 300 Seiten (derselbe: „Die Welt der Engel“. Verlag Ettal).

Wright, J. Stafford: „Der Christ und das Okkulte“ (Engl. London 1971). Bibellesebund Brockhaus, Wuppertal: 1974. 108 Seiten.

Wright, Linda /Ney Bailey: „BINDUNGEN lösen. Ein Leitfaden für Seelsorger“. 1994.

Zahnker-Jost, H.: „Der Lügenprophet“, www.verlag-anton-schmid.de

Zimmermann, J.,A.: „Johann Joseph Gassner, der berühmte Exorzist (1727-1779)“. Kempten: 1878. 124 Seiten.

Beachte auch:
http://josef-stocker.de/litera4.htm und www.theologisches.info

Reihe Aufklärung über Zeitströmungen, Weltanschauungen:

Titel (alle: Logos-Verlag)	Bestell-Nr.	ISBN des Verlages
Buddhismus - Der Weg zur Erleuchtung	06-5-023	3-933828-16-3
Reinkarnation und Karma	06-5-039	3-933828-40-6
Hare Krishna, Erlösung durch Mantras ?	06-5-035	3-933828-36-8
Hinduismus, Ewige Lehre oder Täuschung?	06-5-022	3-933828-15-5
Was ist Anthroposophie?	06-5-007	3-927767-92-1
Was ist die neue Weltordnung?	06-5-013	3-927767-98-0
New Age: Wendezeit 2000? - Eine Analyse	06-5-017	3-933828-10-4
Christliche Wissenschaft u. geistige Heilung	06-5-033	3-933828-34-1
Satanismus. Johannes Reimer, 88 Seiten	06-5-041	3-933828-55-4
Was ist Schamanismus?	06-5-011	3-927767-96-4
Bahai-Religion - Der Weg zur Welteinheit?	06-5-031	3-933828-32-5
Freimaurerei - Wurzeln, Ziele... / Hohl-Wirz	06-5-016	3-933828-09-0
Scientology, Heilsweg Dianetik	06-5-032	3-933828-33-3
Transzendentale Meditation	06-5-034	3-933828-35-x
Bach-Blüten-Therapie	06-5-036	3-933828-37-6
Islam - Lehre und Begegnung	06-5-024	3-933828-17-1
Was bewirkt Gruppendynamik?	06-5-009	3-927767-94-8
NLP - Magie im wissenschaftlichen Gewand?	06-5-046	
Magie - Magische Rituale und Praktiken	06-5-053	
Chinesische Medizin, I und Heft II		
Halloween - Rückkehr der Kelten	06-5-54	
Bach-Blüten-Therapie	06-5-036	3-933828-37-6
Islam - Lehre und Begegnung	06-5-024	3-933828-17-1
Pornographie - Verlust der Scham	06-5-028	3-933828-21-x
Was bewirkt Gruppendynamik?	06-5-009	3-927767-94-8
Wie können wir Zeitströmungen begegnen?	06-5-001	3-927767-86-7

„Dazu ist der Sohn Gottes erschienen, um die Werke des Teufel zu zerstören!“ **(1 Johannes 3,8)**

Inhaltsverzeichnis

Heiliger Erzengel Michael,
schütze uns vor den Mächten der Unterwelt!

Klosterkirche der Barmherzigen Schwestern, Innsbruck.